AF297450

L'ABBÉ
J.-F. COLLIN

CHANOINE HONORAIRE,

FONDATEUR DE LA MAITRISE DE LA CATHÉDRALE,

ANCIEN CHAPELAIN DES FRÈRES DES ÉCOLES CHRÉTIENNES

ET AUMÔNIER DU SACRÉ-CŒUR,

DIRECTEUR DE L'ÉGLISE S.-GUILLAUME A S.-BRIEUC.

SOUVENIR DE SA VIE & DE SA MORT.

Videte qualem caritatem dedit nobis...
(I. Ep. S. Jean, 3, 1.)

SAINT-BRIEUC

IMPRIMERIE FRANCISQUE GUYON, LIBRAIRE-ÉDITEUR.

LETTRE

DE

MGR L'ÉVÊQUE DE SAINT-BRIEUC & TRÉGUIER

A M. le Chanoine Louis COLLIN,

DIRECTEUR DE LA MAITRISE DE LA CATHÉDRALE.

———✱———

« *Saint-Brieuc, le 21 Décembre 1877.*

» MONSIEUR LE CHANOINE,

» *Vous avez voulu défendre de l'oubli la mémoire de votre*
» *excellent frère,* JULES COLLIN, *en composant sa monographie.*

» *C'est une œuvre de piété fraternelle que je ne saurais trop*
» *louer. Votre frère était digne d'être aimé ainsi.*

» *Mais ses œuvres seules protègeraient son souvenir. On se*
» *rappellera longtemps ce Prêtre instruit, aimable, édifiant,*
» *doué de tant d'aptitudes diverses, écrivain, théologien, archi-*
» *tecte, musicien, qui a laissé deux belles églises construites sous*

» *sa direction, et tant d'autres œuvres où se révèle un très-réel*
» *talent. C'est lui qui a présidé à l'organisation de la Maîtrise*
» *de la Cathédrale, et plusieurs de ses compositions musicales*
» *sont dignes des vieux maîtres.*

» *Vous dites avec raison que le cœur chez lui dominait encore*
» *l'intelligence. C'est par le cœur qu'il vivait. Plusieurs fois je*
» *lui ai offert des positions qui eussent fait ressortir avec éclat*
» *ses belles qualités. Mais s'éloigner de ses frères qu'il aimait*
» *d'un dévouement si absolu, cette idée provoquait chez lui une*
» *tristesse que je devais respecter.*

» *Personne ne lira cette histoire d'un frère par un frère, sans*
» *être ému et édifié.*

» *Pour moi, je regrette autant que je bénis un prêtre dont mon*
» *diocèse s'honorera toujours.*

» *Agréez mes meilleurs sentiments.*

» † *AUGUSTIN,*

» *ÉVÊQUE DE SAINT-BRIEUC & TRÉGUIER* »

Pleurer nos morts, dit saint Augustin, c'est verser sur leur tombe, dans l'excès de notre peine, « *tout le sang de notre âme !* »

L'amour ne donne rien de plus précieux, rien de plus suave que les larmes... Elles sont l'expression la plus éloquente de la douleur, les perles les plus riches du sentiment. Cependant l'amour, dans son ambition, désire plus encore ; il veut raconter la gloire de ceux qui ne sont plus, selon les conseils de nos livres saints : « *Louons ces hommes qui furent nos pères et dont nous sommes la race* [1], » et la Religion, cette divine voix de l'amour, vient elle-même joindre à notre deuil la pompe de ses funérailles : les crêpes funèbres dont elle couvre les murs de ses basiliques, les images de mort qu'elle sème de tous côtés sur ses tentures, ses harmonies lugubres qu'elle unit à la splendeur des tombeaux, tout cela rappelle bien haut que « *des œuvres de ceux qui nous ont pré-* » *cédés, nous avons à recueillir une grande gloire et un nom* » *éternel.* [1] »

Mais bientôt nos premières larmes ont cessé de couler ; sur les tombes, les fleurs semblent se faner ;... est-ce donc déjà, sous la marche du temps, l'oubli qui va venir ?... Hélas ! il est des morts dont la mémoire s'éteint avec la voix des cloches... « *Nous ne nous souvenons pas assez de nos morts,* » *de nos chers trépassés,* » s'écriait souvent le bon S. François de Sales ; « *nous éloignons même leur pensée, parce qu'elle as-* *sombrit nos fêtes.* » Il n'en sera pas ainsi pour celui que j'aimais ! La mort a séparé nos corps, mais nos âmes, aujourd'hui comme hier, sont inséparables, et cette union, en dépit de la mort, n'aura jamais de fin : *Fortis est ut mors dilectio !*... Et, puisque honneurs et larmes passent si vite, je veux

---

[1]. *Laudemus viros gloriosos, et parentes in generatione sua.* (Eccl. XLIV, 1).

[2]. *Mementote operum patrum.... et accipietis gloriam magnam et nomen æternum.* (I. Mac. II, 51).

m'efforcer d'élever à mon frère un monument qui triomphe du temps et de l'oubli ; je ne le demanderai plus cette fois à la pierre et au bronze, je le ferai de sa vie même.

Bien faible est l'ouvrier et bien grand est l'ouvrage ; mais, de mon cœur au cœur de mon frère, il y avait de tels liens que lui-même dirigera ma main. En tout cas, je n'écris pas pour les indifférents, mais pour ceux qu'il aima et ceux qui viendront après. Prêtres, nous pourrons, en ces pages, montrer à nos neveux ce que doit être un Prêtre ; pères de famille, nos frères rediront à leurs enfants la vie de ce frère qui nous aima comme des fils !... Vertus sacerdotales, vertus chrétiennes, hauteur d'intelligence, vigueur de talent, tout cela fut dans cette âme dont je vais essayer de fixer un reflet ; c'est tout ce qu'elle lègue à notre famille d'aujourd'hui, comme à celle de demain.

O mon frère bien-aimé, votre force me manque pour faire fructifier un si bel héritage, tout au moins voulons-nous le garder intact et nous efforcer de rester partout et toujours tels que vous nous avez formés !... Vous voyez maintenant le Dieu des saints Autels : souvenez-vous que vous souteniez notre main alors qu'aux jours de notre jeunesse Jésus-Christ descendait à notre voix ! Ne cessez pas de nous conduire, de nous entraîner jusqu'au Ciel !... » Il n'y a

» qu'un voile entre vous et nous ; cette certitude nous

» console. Nous nous en allons tous vers la Patrie com-

» mune, la vraie patrie, la maison de notre Père ; mais, à

» l'entrée, il y a un passage où deux ne sauraient pénétrer

» de front et où l'on cesse de se voir un moment... C'est

» là tout ! [1] »

Nous nous reverrons, ô mon frère !... Oui, ayant vécu de la même foi, nous voulons mourir dans la même espérance !

Saint-Brieuc, 19 Mars 1877, en la Fête de S. Joseph.

L.-M. COLLIN, Chanoine Honoraire.

[1] Lamennais.

L'ABBÉ

JULES-FRANÇOIS COLLIN

I.

BERCEAU DE LA FAMILLE. — NOS PARENTS.

Ambulavit in via patris et matris suæ.
Il marcha dans la voie de son père et de sa mère.
(III. Livre des Rois, xxii, 53).

Avant de montrer ce que fut l'âme de notre frère à travers la vie, il est naturel de dire où Dieu posa le berceau de cette vie ; quel père et quelle mère formèrent en lui le chrétien et le prêtre ; quelle voie enfin ils lui ont enseignée.

Nos parents ne connurent pas la fortune, mais tous deux, pleins d'honneur et de foi, furent riches des biens de Dieu. Ils avaient reçu la grâce dont toute leur vie s'illumina, et, dans la ville de Saint-Brieuc, ils jouissaient d'une estime qui ne se voila jamais d'aucun nuage.

Notre mère, Marie-Louise Leuduger, était cette femme
dont parle l'Esprit-Saint, à laquelle toute force est accordée,
aussi bien que toute délicatesse et tout vrai sentiment de
la vertu. Orpheline dès l'âge de douze ans, elle fut recueillie
par une fervente chrétienne, sa sœur aînée et en même
temps sa marraine, dont les sages enseignements fructifiè-
rent. Le devoir, ce fut le premier, le grand amour de notre
mère ; elle y joignit la passion de ses enfants, et, de ces
deux amours, elle composa cette douceur, cette vigilance,
cette charité où nous avons appris à connaître, à servir et
à aimer Dieu. Elle se plaisait en sa maison où elle travaillait au bien commun, et, le jour ne lui suffisant pas, elle
demandait souvent à la nuit de longues heures de fatigues
et d'efforts. Elle vivait de son dévouement, et quand elle
put en contempler les fruits, quand elle vit ses enfants prêtres
du Dieu qu'elle leur avait enseigné, son œuvre achevée,
elle n'eut plus qu'à mourir, et, le 12 janvier 1860, elle
nous quitta pour le Ciel.

O mère ! votre vie humble et cachée veut encore le silence
au-delà de la tombe, je ne dirai donc pas tout ce que vous
fûtes pour nous... Dieu seul le sait et vous en récompense
maintenant pour l'éternité !... Pour nous, nous le voyons
chaque jour : vous n'avez pas cessé d'être notre mère !

A côté de cette âme si bonne, il y en eut une autre à
laquelle nous devons aussi toute reconnaissance, et près de
laquelle notre frère trouva l'énergie, le courage, et, aux
heures difficiles, un secours puissant : ce fut l'âme de notre
père. D'une nature simple et droite, notre père n'avait reçu
qu'une instruction très-élémentaire : lire et écrire, c'était à

peu près toute sa science. Il s'adonna de bonne heure à la profession paternelle, à la culture des jardins ; mais, ingénieux et persévérant, il vit dans ses fleurs autre chose que des plantes à soigner, et d'efforts en efforts, de perfectionnements en perfectionnements, il parvint bien vite à de réels succès, aussi lui confiait-on la direction de toutes les grandes plantations, le tracé et l'ornementation des plus beaux parcs. Si dans ses travaux une difficulté se présentait, il ne s'arrêtait pas : il essayait, il essayait encore, et triomphait presque toujours. La volonté, c'était en notre père, et nous la retrouverons plus tard en son fils, la qualité dominante. Il avait trente-cinq ans lorsque, pour être plus utile à sa famille, il entreprit l'étude de l'orgue. Pendant deux ans, il y mit toute son âme, et, en ceci encore, après des travaux sans nombre, il obtint ce qu'il voulait : la place d'organiste de la cathédrale. Il l'occupa pendant de longues années.

Sa manière correcte et pure n'eut pas, il est vrai, cette facilité, ce brillant qui ne s'obtiennent que par de longues études commencées dès la jeunesse ; mais, chrétien, il chantait Dieu sur son orgue, et seule la pensée de Dieu s'éveillait chez ceux qui l'entendaient. Son instrument devint son favori : il lui donna les soins les plus assidus ; il en étudia tous les mystères, en sonda toutes les ressources ; et lui qui n'avait jamais voyagé, jamais vu de facteurs d'orgues, lui qui ignorait jusqu'à leurs outils, parvint, à force d'observer et de réfléchir, à de merveilleux résultats. J'en veux citer trois preuves, entre beaucoup d'autres.

Le temps avait fait son œuvre dans l'orgue de la cathédrale, sur le buffet duquel on lit la date de 1540, et ce magnifique instrument, jadis apporté d'Angleterre, s'était grandement détérioré. Notre père demanda et obtint la permission de remédier au mal. Pour cela, il fallait relever l'orgue dans toutes ses parties. Or, cet important travail était commencé quand M. Cavaillé-Coll, la plus sérieuse autorité en facture d'orgues, passa par Saint-Brieuc. Il vit la cathédrale, aperçut des échaffaudages autour de l'orgue, et quand, s'inquiétant de l'ouvrier, il apprit que, seul, l'organiste s'était chargé de l'opération, il s'écria : « Celui-ci n'a pas froid aux yeux ; allons le voir ! » Il se fit conduire chez notre père qui était absent ; mais notre frère reçut M. Cavaillé-Coll et l'accompagna à la cathédrale, où déjà, quoique bien jeune, il aidait lui-même notre père. L'éminent artiste examina tout avec la plus scrupuleuse attention : « Où donc M. votre père, demanda-t-il alors, a-t-il étudié la facture ? » Quand il sut qu'il n'avait pas quitté St-Brieuc et qu'il s'était formé seul, sa surprise ne connut plus de bornes. « M. votre père, continua-t-il, est un homme de » grande valeur ; son travail dénote une intelligence des » plus habiles ; je n'aurais pas mieux fait... Je regrette de » ne pas l'avoir vu ; veuillez au moins lui transmettre mes » plus sincères félicitations.... »

Nous possédons de notre père un petit instrument dit *Régale,* consistant en un jeu d'anches sonnant le 8 pieds. Il prit pour modèle celui dont il s'était servi pour ses propres études musicales. Nous avons aussi ce dernier, et nous le conservons avec d'autant plus d'amour que l'empreinte de ses doigts est demeurée gravée sur chacune des touches du clavier, qu'ils ont littéralement usé. Il aurait pu demander, pour celui qu'il a fait, chaque pièce en fabrique et, comme le font certains amateurs qui acquièrent ainsi, et à peu de frais, la réputation d'hommes émérites, se contenter de l'ajustement ; mais non, notre père voulut tout étudier, tout combiner, tout fabriquer de ses propres mains : anches, clavier, soufflerie, mouvements de transmission, pièces gravées, etc... Il avait fait cet instrument pour Mlle Cadiou, nièce de son maître d'orgue et de son prédécesseur à la cathédrale ; et c'est chez elle, à Landivisiau, que je trouvai cette précieuse relique. J'étais séminariste alors, et je ne pouvais proposer que bien peu en échange de ce souvenir ; Mlle Cadiou ne voulut rien de plus, il lui suffit de me rendre heureux, et je la remerciai les larmes aux yeux.

Plus tard enfin, quand notre frère Charles, après sept ans passés à l'école des grands maîtres et au Conservatoire, revint de Paris, il reçut de notre père, tout ravi du talent de son fils, l'orgue de la cathédrale. Mais ce n'était pas un instrument perfectionné, comme ceux qu'il avait sous la main à Paris, et Charles se trouva grandement déçu en face d'un orgue de système ancien et n'offrant aucune ressource : « Encore, disait-il, si j'avais un clavier de pédales ! » Il n'en fallut pas davantage pour notre père : il se mit à l'œuvre, et combina si heureusement *l'abrégé* qui reliait le clavier des pieds à celui des mains que M. Cavaillé l'admira.

En 1848, le même facteur vint à St-Brieuc poser l'orgue actuel ; l'installation du nouvel instrument intéressa au plus haut point notre père. Il en suivit avec attention tous les travaux, demandant parfois des explications, et apportant souvent aux ouvriers les lumières de son expérience et de ses judicieuses observations.

Telle fut cette âme, digne surtout de notre sainte mère. Dieu avait en elle éclairé l'intelligence et façonné la volonté d’une manière remarquable, et si les circonstances ont laissé notre père loin de la gloire humaine, la hauteur et la beauté de ses vues, tous les sentiments si nobles de son cœur nous ont légué le plus enviable et le plus aimé des héritages.

Et les fleurs... l’organiste, l’habile et fécond ouvrier les avait-il oubliées ? Non, non, il y revenait chaque jour, passant ainsi, sans transition, de leurs parfums aux harmonies de son instrument, dont il jouissait plus encore peut-être depuis qu’il obéissait aux mains de son enfant. Les fleurs!... Notre père était au milieu d’elles, lorsque Dieu lui demanda son âme ! Il la donna aussitôt, nourrie du Pain de l’Eucharistie, bénie par la Vierge de l’Espérance, prête depuis longtemps à rendre compte de sa vie.... Il nous restait à nous, ses fils, conduits par lui d’une main si ferme et si douce, il nous restait, avec nos larmes, la foi en son bonheur éternel !... C’était le 29 juin 1852 !

II.

Fertilis fuit ab adolescentiá sua.
Ses œuvres ont été fécondes dès sa jeunesse.
(JÉRÉMIE , XLVII, 2.)

Notre frère naquit le 14 août 1816, rue Jouallan. Il eut pour parrain notre grand-père, Pierre COLLIN ; pour marraine, notre tante Renée LEUDUGER, et reçut les noms de *Julien-François* [1].

A peine descendu des bras maternels, notre frère montra son âme, et en cette âme deux qualités, deux vertus qui ne demandaient qu'à se développer : la piété et l'amour du travail. M. l'abbé J.-M. de Lamennais, qui venait de fonder à Saint-Brieuc son Institut, reçut notre frère parmi ses élèves, souriant aux premiers efforts de sa précoce intelligence et le

---

[1] Dans la suite on l'appela *Jules,* pour le distinguer de notre père, qui lui aussi portait le nom de *Julien.*

donnant pour modèle à tous ses enfants. Le même sourire, la même bienveillance, avec les mêmes succès, accueillirent notre frère sur les bancs des Écoles chrétiennes.

Il était tout jeune et déjà ses premiers accents s'éveillèrent pour chanter les louanges du bon Dieu... Un ami de nos parents lui donna quelques notions de musique, et M. Régnault, alors maître de chapelle à la cathédrale, l'appela bien vite au nombre de ses enfants de chœur. Choisi pour les solos, il charmait de sa voix pure et ardente tous ceux qui l'entendaient. Quand venait la Semaine-Sainte, il donnait aux Lamentations du Prophète, on s'en souvient encore, toute la sensibilité, toute la tendre piété de son cœur. La beauté de son âme se reflétait en sa voix, et bien des pères et des mères, que séduisait la sagesse du jeune enfant de chœur, se plurent à le donner pour compagnon à leurs fils.

Il chanta donc Dieu tout d'abord; mais, en même temps et avec la même ardeur, il travailla pour Dieu. Actif, énergique, il voulait réussir; et ne semblait-il pas dès lors avoir un but, et, au-dessus des succès, rêver pour sa tête la gloire d'une autre couronne? Nos parents le pensaient et l'espéraient de toute la force de leur amour chrétien; mais ils n'oublièrent pas que c'était à la Providence seule de conduire leur fils à l'autel.

Le séminaire de St-Brieuc, alors trop étroit pour recevoir tous ses élèves, en envoyait comme pensionnaires dans les maisons les plus honorables de la ville. Quelques-uns habitaient sous le même toit que nos parents; ce fut l'un d'eux, M. Caillet, qui s'offrit pour enseigner le latin à notre frère. Les classes élémentaires furent rapidement achevées par le studieux élève, et il fallut bientôt songer à le faire entrer au collége. Mais comment subvenir aux nouvelles et sérieuses dépenses qui en résulteraient ?... Une bourse ! — on eût pu sans doute l'obtenir ; mais nos parents, pas plus que notre frère, n'y pensèrent un seul instant. Ils ne voulaient être redevables qu'à Dieu et à leurs propres efforts... Pour la première fois, notre mère allait donc confier à d'autres le soin de son enfant. Que deviendrait le cœur qu'elle avait pétri avec un amour singulier sous le regard de Dieu ? Les séductions du mal allaient l'entourer... resterait-il ce qu'elle l'avait fait ? O mère, rassurez-vous ; vous avez vu, pendant votre vie, s'évanouir vos craintes ; mieux encore vous savez maintenant ce que fut alors l'âme de votre enfant. — Homme, il demeura debout ; chrétien, il resta pur !

Le succès le suivit docile et toujours croissant ; il ne lui en coûtait pas de vaincre, et plus d'une fois ses professeurs, devant ses rapides progrès qui dérangeaient l'économie des études, durent le faire passer, avant l'heure, dans des classes plus élevées où, souvent le dernier par l'âge, il devenait encore le premier par le mérite. C'est que les lumières de son intelligence, l'énergie de sa volonté ne connaissaient pas les obscurités et les défaillances dont les frappe le mal, et à Dieu tout entier, il ne demandait à la science que de nouvelles forces pour marcher à son but. Le temps s'écoulait donc religieusement rempli par les classes d'humanité, l'étude du dessin et de la musique, et aussi par des leçons qu'il donnait à de jeunes enfants. Le professeur payait ainsi, et au-delà, les dépenses de l'élève, et quelle joie c'était pour lui de pouvoir même venir en aide à ses parents ! De leur côté, ceux-ci s'appuyaient déjà sur leur enfant bien-aimé : ils lui confiaient le soin de leurs affaires commerciales. Il n'avait que quatorze ans, et, malgré sa jeunesse, à lui les correspondances, à lui les livres et la caisse, à lui par conséquent les premières leçons de l'expérience et de la responsabilité qui lui apprirent pour toute sa vie à connaître les hommes et les choses; à lui enfin la garde de ses frères et de ses sœurs... Que nous aimions, nous groupant autour de notre frère, à l'accompagner au milieu des prairies et des champs ! Nous nous ébattions joyeux et insouciants ; lui, sans nous perdre de vue, s'asseyait et continuait ses travaux d'écolier.

N'était-ce pas dès lors l'ange gardien, celui qui éleva ses frères !...

III.

Dixi....: tu es spes mea, portio mea in terrá.
J'ai dit....: Vous êtes, ô mon Dieu, toute mon espé-
rance, et tout mon partage sur cette terre.
(Ps. cxxi, 6).

Notre frère, depuis son entrée au chœur de la cathédrale,
voyait se développer chaque jour son goût pour la musique.
A peine âgé de dix-sept ans, il possédait tous les instruments,
et son habileté était d'autant plus remarquable qu'il l'avait
acquise, pour ainsi dire, sans le secours d'aucune leçon.
Cependant autour de lui se groupait, heureuse et séduite,
une sorte de société musicale, que l'on aimait à appeler
pour rehausser l'éclat des fêtes.

Un fait qui se présente à ma mémoire montrera toute la
gravité et aussi tout le sang-froid de celui qui dirigeait le
jeune et sympathique orchestre. Ses musiciens avaient été
conviés à une distribution de prix, dans une commune près

de Saint-Brieuc. On allait attaquer le morceau d'ouverture ; par malheur, on a mal compris le carton indiqué, et chacun se guide sur celui qu'il croit bon. Qu'on juge de la première note ! Notre frère ne se trouble pas, et, saisissant son chapeau, il le jette au milieu des exécutants. Ceux-ci étonnés s'arrêtent ; ils comprennent leur erreur et s'empressent de la réparer. Pendant ce temps, leur chef prélude avec calme sur son instrument, et prépare ainsi la reprise naturelle du morceau compromis. Quelques oreilles seules s'aperçurent du contre-temps, et tout le monde applaudit au merveilleux ensemble de l'exécution.

Ces applaudissements eurent leur écho... M. Bolaër, le chef de musique du 2ᵉ de ligne, alors en garnison à Saint-Brieuc, apprécia bien vite le talent et surtout les heureuses et fécondes dispositions de notre frère, et mit tout en œuvre pour s'attacher le jeune artiste et l'enrôler dans sa compagnie. Il fit briller à ses yeux les plus flatteuses promesses, les plus magnifiques espérances ! Ce fut l'heure de la lutte... ce fut aussi pour Dieu l'heure de la victoire ! Notre frère comprit tout ce qu'on lui offrait, c'était beaucoup plus qu'il n'eût jamais rêvé : le moyen assuré de venir en aide à ses parents, à sa famille ! Une parole, et les privations sont bannies du toit paternel !... Il y pense ! et il hésite... Mais cette parole lui ferme les portes du sanctuaire,... elle l'arrête au pied de l'autel ! Si, arrachée par l'amour filial, elle échappe à son cœur, son cœur restera le cœur d'un homme et ne sera pas le cœur d'un prêtre ! Ses mains gagneront, abondant et fécond, le pain de chaque jour, mais elles n'immoleront pas Jésus-Christ !... elles travailleront au bien de quelques êtres chéris, mais non au salut du monde !...

Alors, dans l'âme bouleversée de notre frère, il me semble apercevoir comme un reflet de ce dédain sublime que Raphaël immortalisa en sa sainte Cécile : notre frère, lui aussi, tout épris des harmonies des cieux, laisse tomber l'instrument qui ne chante que pour la terre... C'en est fait, il se donne à Dieu.

Il se donne à Dieu,.. et pour récompenser en ce cœur, sans doute un peu meurtri, l'héroïsme du sacrifice, ce même Dieu lui confie, dès le seuil du séminaire, le soin de diriger dans son temple les chants sacrés. M. Botrel, alors supérieur, reconnaissant, lui aussi, le talent de notre frère, lui prodigue toute sa tendresse et les plus précieux encouragements. De ce jour, les offices revêtent une splendeur inaccoutumée, et les chrétiens fidèles accourent plus nombreux que jamais. Le jeune séminariste ne se contente pas de célébrer les louanges de son divin Maître : il sait que si les lèvres du prêtre doivent être harmonieuses, elles ont aussi à garder et à enseigner la sagesse. Il puisera donc aux véritables sources, il demandera, — et les lumières comme les efforts de son intelligence en auront bientôt découvert et approfondi tous les principes, — il demandera tous leurs trésors à la philosophie et à la théologie ; avide, affamé de Dieu, il se nourrira de sa parole, de son Verbe caché dans la sainte Ecriture, et là, chaque jour, comme en une seconde Eucharistie, il s'alimentera de cette force qui fait les chrétiens, de cette sainteté qui fait les prêtres !... Quand il s'est séparé des ambitions humaines, c'est qu'il a vu la route du Calvaire ! Il a mieux aimé que tout la croix de Jésus-Christ ; il n'hésite pas à la prendre, à l'étreindre en ses bras, et le jour où l'Eglise, le 20 mai 1827, lui demande de laisser tomber

quelques cheveux en échange d'une couronne, il n'y a plus
en notre frère qu'un crucifié !... Discipline, travail, soumission, il a tout accepté et pour jamais !

A peine admis au nombre des clercs, notre frère reçut
de la paternelle bienveillance de Monseigneur LE GROING
DE LA ROMAGÈRE la direction de la maîtrise de la Cathédrale.
Le saint Evêque aimait d'une singulière tendresse le jeune
élève du sanctuaire, et c'est bien souvent qu'il venait le
requérir pour compagnon de ses courses pastorales. Il l'appelait, le 10 mars 1828, aux Ordres-Mineurs ; le 23 février
1829, au Sous-Diaconat ; le 14 mars 1840, au Diaconat ;
et, le 19 septembre de la même année, lui conférait, dans
sa chapelle, l'onction sacerdotale. Malade et alité, le saint
vieillard ne voulut pas remonter vers son Dieu avant d'avoir
imposé les mains à l'élu de sa dilection ! « Eh, mon Dieu,
» c'est juste, disait-il, je ne mourrai pas content, si je n'or-
» donne pas mon jeune abbé !... » Il s'arracha donc à ses
douleurs, et, en présence de notre famille, profondément
émue et reconnaissante, il offrit à notre frère, seul à ses
genoux, le pain et le vin du Sacrifice, le consacrant prêtre
pour l'éternité ! Ce fut le dernier qu'il ordonna... Quelques
mois plus tard, le saint Prélat succombait sous le poids des
années et des infirmités.

Qu'il fut beau pour nous tous le jour de l'ordination de
notre frère ! qu'il fut beau surtout pour nos dignes parents
qui voyaient enfin se réaliser le rêve de toute leur vie ! Le
Seigneur venait de prendre leur enfant pour en faire son
prêtre, son ami intime, son cher serviteur ; c'était, aux yeux
de leur foi si profonde, c'était le salut et le bonheur, non-

seulement de l'élu de Dieu, mais de toute la famille. Il m'en souvient, je vois encore notre mère :... elle qui avait tant pleuré déjà sous le coup des épreuves, elle pleurait encore ce jour-là, mais c'était de joie et de bonheur. Je la vois inclinée sous la main de son enfant qui la bénissait pour la première fois !... Je la vois, au lendemain de ce beau jour, partageant pour la première fois avec son fils bien-aimé le Pain divin qu'il venait de consacrer !... C'était pour nous comme un reflet du Ciel, et le parfum de cette fête nous est resté avec le souvenir.

Quelques semaines après, selon la coutume d'alors, notre frère chantait à la cathédrale sa première grand'messe. La musique du 2ᵉ de ligne avait tenu à y apporter son aimable concours, et, non contente d'avoir salué le jeune prêtre à l'autel, elle voulut encore, à la maison, rendre hommage au maître de chapelle et lui témoigner, par une gracieuse et charmante sérénade, ses meilleurs sentiments.

IV.

NOTRE FRÈRE MAITRE DE CHAPELLE A LA CATHÉDRALE.

> *Implemini Spiritu Sancto… cantantes et psallentes in cordibus vestris Domino.*
>
> Remplissez-vous de l'Esprit-Saint, chantant et psalmodiant de toute votre âme à la gloire du Seigneur.
>
> (S. Paul aux Ephés., v, 18, 19).

L'âme du séminariste s'était fermée à certains désirs et à des projets trop beaux, parce qu'il lui fallait la paix et le recueillement qui préparent le sacerdoce; une fois prêtre, notre frère se dévoua tout entier à l'œuvre qu'il avait acceptée : œuvre vaste et n'embrassant pas moins que le renouvellement ou, pour mieux dire, la formation de la maîtrise de la cathédrale.

Avant d'enseigner, on apprend et on s'instruit. Notre frère se donna donc tout d'abord à cette science maîtresse dans l'art musical, à cette science pleine de secrets et de mystérieux développements, à l'harmonie ! Il ne demanda pas à des maîtres leurs règles et leurs doctrines, il marcha tout seul, éclairé de sa foi et de son intelligence ; il interrogea la science elle-même, et la science lui forma, de ses réponses, un talent sûr, éprouvé et original. N'est pas soi qui veut ; il est peu d'hommes auxquels Dieu ait départi ce don, entre tous sublime, d'être ce qu'ils sont sans l'emprunt d'un rayon étranger. Mais aussi, quand un front a été marqué de ce signe, quand un cœur vit de cette vie qui n'est qu'à lui, les ténèbres s'enfuient devant le favorisé et toute lumière se fait autour de lui.

Cantiques pleins de mélodie et de suave piété ; *Stabat*, harmonieux écho des douleurs de Jésus et de Marie ; accompagnements pour les saints offices, tout s'échappait sans difficulté et comme en se jouant de l'âme de notre frère. Il fit ce que nul avant lui n'avait fait. Notre Bretagne savait guerroyer et chanter ses héros,... mais le chant de son Dieu, resté pauvre comme ses landes incultes, demandait une voix pour l'animer, une main pour le conduire. La cathédrale de Saint-Brieuc, sous la haute et bienveillante protection de Monseigneur LEMÉE, devint donc le berceau de toute une création.

La maîtrise avait pour seule ressource six enfants et quatre laïques : deux serpents et deux chantres. Monseigneur LEMÉE, sollicité par notre frère, nomma d'abord deux chantres prêtres, deux ténors et accorda de plus une contrebasse. Ce n'était pas assez !... Notre frère jusque là s'était contenté d'accompagner avec le serpent les chants de la maîtrise ; il avait, il est vrai, sur cet instrument, une parfaite habileté ; nous savons même qu'un jour où il en essayait un chez un fabricant de Paris, des professeurs du Conservatoire qui se trouvaient là par hasard l'entendirent, et, au lieu des railleries qu'ils préparaient, ils ne purent retenir l'expression de leur profonde admiration ; mais, quel que fût le talent de l'artiste, l'instrument était par trop défectueux, par trop insuffisant : il fallait un orgue d'accompagnement et le généreux Evêque ne recula pas. L'orgue fut installé, et notre frère se chargea de le tenir. On osa dès lors aborder les grands maîtres : Haydn, Mozart, Rinck, Himmel, Hœndel, etc., apportèrent leurs chefs-d'œuvre, et ils furent exécutés. Notre frère, toujours prêtre, savait faire passer en ces chants tout le souffle de son âme, et, dans ces pages immortelles, c'était surtout Dieu qui parlait et attirait tous les cœurs... c'était la prière et l'humble supplication : la maîtrise était fondée.

Je ne sais si l'amour m'aveugle, mais bien peu d'hommes, ce me semble, ont montré pour leur art plus d'âme et de constante énergie. Notre frère ne se découragea jamais ; et lorsqu'il vit disparaître son orgue d'accompagnement, par suite de la transformation du chœur de la cathédrale, il regretta beaucoup cette suppression, mais s'y soumit, et nous confia, pour essayer d'y suppléer, deux ophicléides et une contrebasse. Toujours actif et toujours debout, il présidait à toutes les répétitions, et jamais il ne laissa chanter un seul morceau un peu sérieux sans avoir apporté à sa préparation ses meilleurs soins. Aussi, quand venait l'exécution, qu'il aidait et entraînait toujours de sa voix ample et sonore, sentiment et justesse, tout y était. On se souvient des offices d'alors à la cathédrale ; d'autres mémoires n'ont pas oublié non plus les belles séances de la Société d'Emulation où la science et les arts semblaient avoir mis tout en œuvre pour rivaliser d'efforts et d'éclat. Chacun y admirait la science

et l'habileté de notre frère, au milieu de cette masse impo-
sante de chanteurs qu'il avait à diriger [1].

Plus tard, comme dernier écho de toute cette noble vie,
nous retrouvons notre frère avec des harmonies plus belles
encore, à Saint-Guillaume, aux soirs du Mois de MARIE.

---

[1] « A côté de sa grave sœur la Science, l'Art avait naturellement sa
place marquée dans ce rendez-vous de toutes les nobles productions du
génie humain !... Parmi les spécialités dont s'est occupé le Congrès de
Saint-Brieuc, la mieux organisée, celle qui a eu le plus incontestable
succès, c'est sans contredit la partie musicale... Il y eut là des chœurs
magnifiques, formés comme par enchantement, à la vive satisfaction de
l'auditoire, étonné et ravi. Pourquoi n'y a-t-il pas à Saint-Brieuc une
Société chorale sérieusement organisée et permanente ? De quelle merveilles ne serait-elle pas capable, surtout si elle était dirigée par M. l'abbé
Jules Collin, cet artiste habile et sérieux qui, en quelques jours, avec
des choristes inexpérimentés, a cependant pu préparer des œuvres comme
la *Cantate du Congrès Celtique*, de M. Ch. Collin ; la *Charité*, de Rossini ;
la *Gallia*, de Gounod, et le *Désert*, de Félicien David !... autant de tours
de force de la Société chorale improvisée, et nous aimons à constater
que tous ces chœurs ont été enlevés avec le plus grand entrain et la
plus parfaite justesse.....

» Les hommes sont souvent bien ingrats... ils jouissent des fleurs, ils
savourent les fruits, sans même songer au soleil qui est le père des fruits
et des fleurs. Nous voulons, nous, être plus reconnaissants.

» Honneur donc à M. l'abbé J. Collin, à qui nous devons principale-
ment ces brillantes soirées musicales !... Heureux pays que celui où il
est encore permis à la Religion de se montrer ainsi publiquement l'amie
des arts, comme elle est l'amie de tout rayonnement de l'éternelle Vérité,
de l'éternelle Beauté !... En voyant M. l'abbé J. Collin diriger un concert
public, la baguette du chef d'orchestre à la main, nous nous demandions :
Que dirait-on à Paris, à Lyon, à Marseille, si l'on voyait cela ? — Et
nous nous répétions que la Bretagne est bien encore le meilleur coin de
la France, et que, si la musique est par excellence le langage du cœur,
le cœur est décidément, par excellence aussi, la qualité des vrais
Bretons !.... »

(*Compte-Rendu du Congrès Scientifique de France*, Tome 1, page 267 et suiv.,
et le journal l'*Indépendance Bretonne* des 4, 12, 14, 15 juillet 1872).

Est-ce parce qu'il chantait ou qu'il faisait chanter sa Mère qu'il se surpassa ? Peut-être !... et je veux même qu'en cet amour soit le secret de l'énergie et de la puissance de conception qu'il a conservées jusqu'à la fin.

Rien de vulgaire ne fut jamais confié par lui à ses musiciens. Il voulait des chefs-d'œuvre... Il chercha sans cesse, et il trouva presque toujours. Il chercha et il trouva ; mais aussi il composa et donna des pages qui peuvent, sans faire ombre, se ranger tout auprès des plus belles.

« Votre *Ave Maria*, lui écrivait un artiste de haute compétence, est
» fait en maître ! Les voix donnent en plein dans leur sonorité respec-
» tive, et l'harmonie, comme la mélodie, est dans une couleur douce et
» sympathique qui convient bien à la Salutation angélique.... Heureux
» mortel qui avez su exprimer jusqu'au timbre de la voix de l'ange
» Gabriel !...   » Ligonnet. »

D'un autre artiste, une de nos premières autorités en œuvres religieuses, il recevait les lignes suivantes, à propos d'une autre composition :

« Votre composition est d'un beau caractère... c'est une chose parfai-
» tement réussie, d'un style noble et d'un sentiment juste et vrai.
                                                » Guilmant. »

Haydn l'avait bien dit à un de ses élèves : « Souviens-toi
» que tout ce qui est beau vient d'en-Haut ! » Notre frère ne l'oublie pas. Dans ses *Litanies*, dans son *Monstra te esse Matrem*, c'est la prière humble et douce ; dans son *Regina*, dans son *Laudate*, les accents montent jusqu'au lyrisme, jusqu'au sommet de la joie ; dans son *O Salutaris* et ses *Tantum ergo*, c'est l'adoration, l'anéantissement de l'amour devant l'Amour anéanti !

Le trésor musical que nous a laissé notre frère compte, outre le *Stabat* et les *Cantiques* dont nous avons parlé : trois *Ave Maria*; un *Regina cœli*; un *Sub Tuum*; un *Salve Regina*; des *Litanies*; un *Monstra te esse Matrem*; un *Adoro te*; un *Adoremus*; un *O Salutaris*; deux *Tantum ergo*; un *Laudate*, deux motets en l'honneur de saint Joseph : un *Quis putas* et un *Salve Pater*; plusieurs morceaux pour les morts : deux *Hei mihi*, un *De Profondis*, un *Recordare*, un *Ingemisco*, un *O Christe*, un *Miseremini*, un *Ne recorderis*, un *Pie Jesu*, etc.; des messes, des hymnes, des antiennes arrangées en contre-point et un grand nombre de faux-bourdons. Ces œuvres, on le comprend, nous restent chères entre toutes ; nous aimerons à redire ces pages où se retrouve si bien l'âme ardente de ce frère bien-aimé, l'âme du prêtre, de l'artiste chrétien. D'ailleurs, elles ne pouvaient demeurer inédites : on les avait entendues, et, de tous côtés, on les désirait. C'était donc un devoir pour nous de les publier, devoir bien doux et que les éditeurs nous ont rendu facile [1].

En 1854, Monseigneur LEMÉE nomma notre frère aumô-nier des Dames du Sacré-Cœur. L'ex-maître de chapelle se donna tout entier aux saintes fonctions de son nouveau ministère; mais il ne laissa pas s'éteindre en lui l'amour de la musique. Il savait d'ailleurs que le fardeau qu'il m'avait

---

[1] Les chants pour les Saluts se trouvent chez Mme GRAFF, et ceux pour les Morts, chez M. PÉGIEL, à Paris. — Depuis leur publication, plusieurs morceaux de la collection ont été transcrits pour musique mi-litaire et arrangés en harmonies et marches religieuses par l'éminent Chef de musique des Equipages de la Flotte, M. Léon CHIC. C'est pour les œuvres de notre frère une gloire nouvelle d'avoir un tel interprète et un tel juge. Que M. Léon CHIC nous permette de lui exprimer ici notre vive et sincère reconnaissance.

transmis m'eût été trop lourd ; il saisissait donc toutes les occasions de me l'alléger, et ainsi il demeura toujours l'âme et la vie de la maîtrise.

Et maintenant, resté seul avec mes frères dévoués, je sens toute ma faiblesse et toute mon impuissance ; mais ma force sera de marcher sur ses traces, et ma consolation de faire redire les compositions de ce frère dont le talent tout entier fut consacré au service de l'Eglise. Il pensait bien comme nous, l'orateur éloquent et aimé qui s'écriait naguères : « N'est-ce pas le nom de ce saint prêtre que racon- » tent et ces voûtes gracieuses, et ces colonnes sveltes, et » ces harmonies qui nous ravissent chaque soir, harmonies » sœurs de celles qui réjouissent le Ciel ! [1] » Oui, je m'efforcerai de le faire revivre dans ses œuvres : il me semble qu'ainsi il ne cessera pas d'être au milieu de nous, pour nous soutenir et nous guider.

[1] L'abbé MOREL, des Chartreux de Lyon, mois de Mai 1878.

V.

NOTRE FRÈRE ET LA MUSIQUE RELIGIEUSE.

> *Implemini Spiritu Sancto, loquentes vobismetipsis in psalmis et hymnis, et canticis spiritualibus, cantantes et psallentes in cordibus vestris.*
>
> Remplissez-vous de l'Esprit-Saint, vous entretenant de psaumes, d'hymnes et de cantiques spirituels, chantant et psalmodiant du fond de vos cœurs à la gloire du Seigneur.
>
> (S. Paul aux Éphes., V, 18 et 19.)

L'amour de la musique, c'était avec l'amour des âmes tout notre frère ; dès lors, pouvait-il se contenter de jeter un coup d'œil en passant sur deux objets si chers à son cœur, et ne pas leur demander leurs secrets, leurs mystères les plus intimes, les raisons sacrées de leur mutuelle beauté !.. Je dirai bientôt ce qu'il chercha et rencontra dans les âmes; admirons ici, en l'étudiant de près, la haute et saine intelligence avec laquelle il comprit, jugea et aima la musique.

Au mois de novembre 1859, un congrès se réunissait à Paris. Il s'agissait de travailler à l'amélioration de la musique dans les églises, et deux questions s'imposaient naturellement : le *Plain-Chant* et la *Musique religieuse.* Tout le monde convenait qu'en ces deux points une réforme était nécessaire, et, de toutes parts, on accueillit avec bonheur l'annonce des travaux qu'on allait entreprendre. Les artistes compétents accoururent : ils apportèrent leur science, leur expérience, leurs convictions ; mais aussi, hélas ! leurs rêves !... Au lieu de s'armer de prudence et de sagesse, chacun prit en main son système. Le choc fut violent ; le conflit dégénéra en lutte de personnalités et de passion ; il y eut beaucoup de bruit, puis... rien !

La première question qu'on aborda fut celle du *Plain-Chant*. On n'en voulait qu'un : le *Grégorien !*... Tous l'avaient cherché, et l'apportaient, disaient-ils ; mais, quand on regarda cette unité soi-disant découverte, on se trouva en face de sept ou huit éditions différentes, se niant l'une l'autre. Notre frère, lui aussi, soupirait depuis longtemps après ce chant type dont les ruines, toutes pauvres qu'elles soient, laissent soupçonner la splendeur.

A Rome, il le demanda aux harmonies des grandes basiliques ! La ville où l'unité règne depuis dix-huit siècles n'avait-elle pas gardé aussi, unique et fidèle, l'écho des cantilènes si doucement murmurées par une colombe mystérieuse au pape saint Grégoire ?... Hélas ! à Rome, le chant des cieux s'était perdu au souffle des siècles. Le plain-chant y est peu connu, encore moins pratiqué. Quelques couvents seuls en conservent le souvenir ; de plus, chacun l'habille à sa manière, d'où d'innombrables et de bien déplorables variantes. A Rome donc, non plus que chez nous, aucune unité ! C'est une des douleurs souvent exprimées par les Souverains-Pontifes. Le pape PIE IX constata lui-même ce

triste état de choses, dans l'audience qu'il voulut bien accorder à notre frère. « Que pensez-vous de la musique
» romaine, lui demanda ce grand Pontife ! » — « Très-Saint
» Père, lui répondit notre frère, si Votre Sainteté me par-
» lait de la question du chant religieux au point de vue
» musical proprement dit, j'émettrais ici une toute autre
» opinion ; mais Elle me parle sans doute du plain-chant
» romain, de ce chant type à la recherche duquel nous
» autres, Français, nous courons depuis si longtemps déjà
» avec une religieuse avidité. Qu'Elle me permette de dé-
» poser humblement à ses pieds le sentiment d'une décep-
» tion produite par les variantes infinies que j'ai trouvées
» dans la Ville-Éternelle. » — « Ah ! mon ami, reprit Pie IX,
» du ton le plus aimable et le plus gracieux, vous avez
» raison ; aussi regrettant moi-même toutes ces variantes, et
» voulant cette unité si désirable dont vous parlez, je viens
» de nommer une commission, sous la présidence d'un
» cardinal, pour réorganiser le chant grégorien sur des
» bases sérieuses et uniformes. » A quelque temps de là,
notre frère apprit que cette commission, devant d'insurmon-
tables difficultés, renonçait à continuer alors ses recherches
et ses travaux.

La question du plain-chant, bien loin d'être résolue, ne
fut guère avancée par le congrès. De toutes les opinions si
diverses qu'on y émit, il ne sortit qu'une sorte de roman
grégorien, dont la piété non plus que la science ne sauraient
se contenter. L'une et l'autre réclamaient un monument
authentique et compréhensible de l'œuvre de saint Grégoire ;
et puisque, au milieu de tant de discordances et de tant de
ténèbres, il est si difficile d'arriver à reproduire une édition

vraie et définitive du chant grégorien, laissons à Rome le soin de refaire et de réorganiser. Elle seule a mission pour mener à l'unité. C'était de là et de là seulement que notre frère attendait la vraie lumière qui, un jour, espérons-le, donnera à l'Eglise ce chant unique, sur lequel ses enfants rediront l'immortel CREDO.

Nos artistes et nos archéologues s'occupèrent aussi de *l'accompagnement* du plain-chant. Cet intéressant sujet fut, de la part de praticiens exercés, l'objet des plus vives discussions. On eût pu demander tout d'abord à l'assemblée si le plain-chant comportait un accompagnement, car il n'est nullement prouvé qu'à l'origine l'orgue et le contre-point fussent nécessaires à l'interprétation du *Graduel* et du *Vesperal*. On n'aborda pas ces considérations, et on se demanda tout de suite : à quel parti faut-il s'arrêter pour concilier l'antique mélopée chrétienne et les exigences modernes du catholicisme et de son culte ? Et la discussion s'engagea... Niédermeyer, dont l'incontestable talent s'était jusque là toujours et uniquement donné à la musique profane, entreprit d'éclairer une autre scène ; mais ici, il faut le dire, il n'était guère compétent. Entièrement étranger aux usages de l'Eglise catholique, il n'en saisit jamais ni le sens ni le caractère : il demeura protestant dans les règles qu'il donna pour l'accompagnement. Tout son travail n'est qu'un archaïsme exagéré, un système détestable d'harmonie discordante, rompant avec des traditions séculaires et violant les lois les plus élémentaires de l'harmonie et de l'oreille [1]. Deux choses surtout distinguent son système : l'absence de toute *Sensible*, qu'il

[1] Voir Félix CLÉMENT : *Les Musiciens Célèbres*, p. 497.

rejette impitoyablement, et la place qu'il donne au chant, toujours et invariablement réservé à la partie supérieure.

Aux yeux de notre frère, c'était un barbarisme de renoncer à la *Sensible* d'une manière si absolue, grand nombre de chants la demandant impérieusement : la première *Messe de Dumont*, le *Lauda Sion* et tant d'autres qui sont des compositions essentiellement musicales. En posant donc, comme règle générale, la suppression de la *Sensible*, on se trouve en face d'exceptions nécessaires et nombreuses, dont on ne saurait méconnaître les exigences sans dénaturer les plus belles pages du chant liturgique [1].—Il semblait regrettable encore à notre frère de ne vouloir le chant qu'à la partie supérieure. Nos hymnes saintes étaient si majestueuses alors que, sous les voûtes de nos basiliques, la mélodie se chantait par les voix de basse et que, de leurs notes brillantes en contre-point fleuri, les voix d'enfants venaient, en s'y mêlant, les enrichir d'autant de perles précieuses : on eût dit que des cieux les anges chantaient sur la terre. Rien, disait notre frère, n'égalera cette beauté ; ce ne sont pas les sens, comme on l'a prétendu, qu'éveille et excite cette succession d'accords à tendances multiples, mais bien les sentiments profonds de l'infini. Sous l'accompagnement, chez la plupart sans valeur, que l'on préconise aujourd'hui, les fidèles ne reconnaissent plus la mélopée chrétienne et cessent de la chanter : c'est la froide prière du protestantisme.

Malgré tout, le système de Niédermeyer se répandit rapiment dans un grand nombre d'églises, où presque tous les

---

[1] Louis ROGER, *Revue de Musique sacrée, ancienne & moderne :* De l'exécution du Plain-Chant (15 mars 1863).

organistes l'adoptèrent, à l'imitation les uns des autres et sans examen. Ce mode, du reste, aplanissant bien des difficultés, devait recevoir cet accueil favorable de la part de nos artistes, souvent peu familiers avec la science du plainchant. Quoi qu'il en soit, l'érudition de nos archéologues en musique ne put convaincre notre frère ni le gagner à ce système. On s'ingénia pourtant à lui donner, à force d'interprétations arbitraires, un caractère admirable de justesse et de vérité, mais notre frère n'en crut pas moins, avec l'Episcopat du XVIᵉ et du XVIIᵉ siècle, qu'en fait d'art surtout, ce qui convient à une époque peut très-bien ne pas convenir à une autre. Il y a des besoins réels et légitimes auxquels il faut donner satisfaction ; et puis le chant, au moins dans la forme et les détails, est-il donc immuable comme le dogme ? On a respecté ce principe à la suite du Concile de Trente, et l'expérience prouvera, nous en sommes certain, l'inanité des révolutions radicales que l'on a voulu faire subir de nos jours au chant de l'Eglise. N'a-t-on pas vu déjà, depuis Niédermeyer, Lemmens, le grand organiste, proposer un autre système d'accompagnement. Ainsi l'expérience avait appris à notre frère qu'il est dans la musique des ressources et des richesses découvertes chaque jour, et que ses progrès ont droit de cité dans nos temples. Confiant dans l'avenir, il attendit l'approbation et la consécration de son jugement [1].

---

[1] Au Congrès de Malines (septembre 1863), plus de trois mille catholiques se réunissaient pour traiter des grands intérêts religieux et sociaux. La question de l'accompagnement du plain-chant ne fut pas oubliée, et M. Lemmens, qui d'abord avait adopté le système préconisé depuis par Niédermeyer, et l'avait rejeté à cause de sa dureté, s'exprimait ainsi : « Afin d'enlever à l'accompagnement une monotonie et une régularité

Le congrès traita enfin de la grande et souveraine question de l'emploi de la musique dans les solennités religieuses. Fallait-il se contenter du *Plain-Chant* grave, austère, admirablement adapté à la douce et sainte monotonie de la prière ? fallait-il permettre à cette muse si belle et si resplendissante, alors qu'elle est profane, de venir jusqu'aux pieds des autels chercher dans ses accents des accents assez purs pour nous élever à Dieu ?

Le *Plain-Chant*, c'est la voix humble et calme du chrétien qui prie chaque jour, pensait et disait notre frère ; mais il y a des heures où dans notre âme l'amour s'exalte ; il monte sans cesse, et plus il s'élève, plus aussi il demande une voix en harmonie avec les voix du Ciel. C'est à la musique qu'il se confiera, et, porté sur ses ailes, il chantera à Dieu les regrets, les besoins, les larmes et les soupirs de tout cœur ici-bas !... L'orateur, quand tout-à-coup il rencontre en son discours un de ces mystères ineffables qui saisissent et émeuvent toutes les profondeurs de l'âme, voit se presser

» fatigantes, on peut employer quelquefois les ressources de l'harmonie
» moderne....... Il y a et il doit y avoir, ajoutait-il, une différence très-
» marquée entre l'organiste catholique et l'organiste protestant : le pre-
» mier puise son génie en Dieu ; il veut convaincre, toucher et persuader ;
» il fait prier son instrument ; — le second, au contraire, tire son génie
» de lui-même ; son harmonie n'est pas une prière naïve et simple ; elle
» n'est pas non plus l'inspiration, c'est une combinaison plus ou moins
» riche d'accords trouvés avec travail et avec recherche ; en un mot,
» c'est de l'art, voilà tout. Ainsi Bach et ses imitateurs ; ainsi, à notre
» époque, Niedermeyer et son école. — Dans un temple protestant, le
» chrétien n'accorde rien aux sens ; tout y est triste, glacial comme les
» froides pierres de l'édifice. Dans l'Eglise catholique, l'âme et les sens
» sont satisfaits ; l'homme tout entier s'offre à Dieu, et tout entier se
» réjouit ou verse les larmes du repentir. » (*Revue de Musique sacrée,
ancienne & moderne*, 15 septembre 1863).

d'eux-mêmes sur ses lèvres des accents qu'il ne se connais-
sait pas ; le chrétien, quand il vient s'agenouiller près de la
Crèche où s'enfante le salut du monde ; quand il a mangé
et qu'il a bu au Banquet de l'Eucharistie ; quand il a pleuré
au pied de la Croix, laissera, lui aussi, échapper des enthou-
siasmes inconnus et de radieuses harmonies ? Le triomphateur
romain se voyait accompagné au Capitole par les accords
des instruments et les voix de tout un peuple !... le chrétien,
quand il parle des triomphes de son Dieu et qu'il monte à
son autel pour les célébrer, demande à la musique la voix
de ses instruments, et à ses frères leurs plus beaux chants.
« *Que la musique religieuse est belle !* disait Pie IX à notre
» frère ; *que cet art procure de gloire à Dieu, par les âmes qu'il*
» *invite au bonheur du Ciel !* »

Si loin de la Patrie que le péché nous ait rejetés, nous
aspirons après elle ; nous nous soulevons au-dessus de nos
passions et de nos misères pour regarder les sommets des
montagnes qui nous cachent le Ciel ; et voici qu'à Rome,
à la chapelle sixtine, le Ciel semble s'abaisser jusqu'à notre
oreille pour raconter ses splendeurs. Aux saints jours de la
grande Semaine, c'est Palestrina qui nous console des douleurs de la vie, nous faisant souhaiter de les porter longtemps
encore pour revenir l'écouter ;... c'est Allégri, dont le *Mise-*
rere nous arrache des larmes sur nos fautes, et nous invite
à mourir, pour entonner aux Cieux l'éternel *Hosanna ;* c'est
enfin, c'est toujours, nous écrivait notre frère, l'écho de
ces harmonies entendues par saint Paul, et qu'il croyait ineffables ici-bas. « Je sais bien, ajoutait notre frère, qu'il serait
» inutile de demander ailleurs la perfection d'exécution
» qu'on remarque aux chapelles papales, où de savants

» artistes, formés à la même école, attaquent avec une
» sûreté et une justesse irréprochables les grandes œuvres
» de Palestrina, ce prince de la musique, *musicæ princeps*,
» comme le porte l'inscription gravée sur son tombeau,
» dans la basilique de Saint-Pierre ; mais, en dehors de ces
» chefs-d'œuvre et de cette perfection obtenue par des chan-
» teurs consommés, qui provoquent l'admiration de tous
» les artistes étrangers, faut-il renoncer à trouver dans la
» tonalité moderne d'autres expressions du sentiment reli-
» gieux ?... La science musicale a-t-elle donc été frappée
» de stérilité, ou est-elle devenue indigne de porter nos
» aspirations aux pieds de l'Eternel ?... Bien plus, cet art
» n'a-t-il pas et n'aura-t-il pas toujours de nouvelles con-
» quêtes à faire sous ce rapport ?... Dieu merci, nous comp-
» tons trop de belles pages où la prière se revêt des formes
» les plus sévères et les plus pures, pour admettre jamais
» qu'aujourd'hui cet art ne puisse plus établir de commu-
» nication respectueuse entre le Ciel et la terre... [1] »

La terre parlant au Ciel, c'est en effet toute la musique
religieuse ; mais, s'il est permis, s'il est beau de chanter à

---

[1] « S'il convient à quelques-uns, s'écriait un des défenseurs des saines
» traditions catholiques [1], de supprimer la musique et l'orchestration
» dans les offices de l'Eglise, qu'ils suppriment aussi la chapelle sixtine
» et les chefs-d'œuvre de nos plus illustres maîtres. Mais ce n'est pas
» tout : si nous chassons de l'Eglise catholique ceux à qui nous avons
» donné jusqu'à présent la plus généreuse hospitalité, pourquoi gardons-
» nous les toiles célèbres d'Angelico, du Fiesole, du Pérugin, de Raphaël,
» du Dominiquin, de Rubens, et des autres peintres, y compris Ower-
» beck lui-même ? Ce n'est pas encore assez : pourquoi ne renversons-
» nous pas nos belles cathédrales, leurs flèches aériennes et leurs tours
» dentelées...... »

[1] Le Chevalier Van Elewych, *Congrès de Malines*, septembre 1863.

Dieu ses tristesses et ses joies, il faut que le langage n'emprunte aux tristesses et aux joies rien de leur désespoir ni rien de leur folie. La musique par laquelle le pécheur prie un Dieu crucifié ne doit conserver nul écho des voluptés mondaines ; et ce ne sera jamais la langue de l'*opéra* dont on pourra faire un cantique !... Que la musique purifie donc ses harmonies, qu'elle reste et demeure toujours la musique de Mozart et d'Haydn, la musique des hommes de foi et d'espérance, qui chantent avec leur âme, et qui, laissant au bas de la montagne la foule s'enivrer aux accents d'une idole vulgaire, savent monter avec Moïse et regarder les Cieux ! Notre frère fut de ces hommes ! Le Dieu qui chaque matin le nourrissait à l'autel, le Dieu de sa prière et de sa méditation, le Dieu qu'il prêcha aux âmes, le Dieu qu'il avait appris à aimer au-dessus de tout amour, fut le Dieu qu'il chanta et qu'il se plut à faire chanter toute sa vie !

VI.

NOTRE FRÈRE ET L'ARCHITECTURE RELIGIEUSE.

Domine, dilexi decorem domus tuæ !
O mon Dieu, j'ai aimé la beauté de votre maison!
(Ps. xxv, 8).

La musique avait révélé grand nombre de ses secrets à l'âme ardente de notre frère; il les avait sondés aux clartés du Ciel !... A tout ce qui lui parlait de Dieu, à tout ce qui pouvait le mieux aider à parler de Dieu, il apporta même soin, même enthousiasme, et, je le dis sincèrement, y obtint même succès ! Il s'est passionné pour les chants sacrés qui lui montraient Dieu si beau, il se passionnera de même pour l'architecture sacrée. Ce ne seront pas seulement des pierres qu'il verra dans un temple, mais bien l'âme humaine tout entière s'incarnant dans ces pierres, s'élevant le plus près qu'elle le pourra de Dieu ! Entre tous, et mieux que tous les autres, le style gothique lui révélera cette incarnation, cette ascension de l'âme ! Il en étudiera donc hardiment l'ineffable majesté.

Il regarde tout d'abord dans l'histoire, et, au loin, sous les vastes forêts, au pied des grands chênes, l'homme lui apparaît à genoux, les yeux élevés vers les plus hautes cîmes, cherchant au-delà la divinité qu'il adore et dont il aime à écouter la voix dans le cri de l'orage. Au-dessus de toute chose humaine, c'est là que l'homme a placé son Dieu !... Quelques siècles s'écoulent, le barbare se fatigue de fouler aux pieds un sol toujours ennemi ; il s'arrête... et fonde la Patrie ! On lui parle d'un Dieu qu'il ignore : ce Dieu lui accorde la victoire à Tolbiac, le baptise chrétien à Reims, lui donne des rois qui s'appellent Clovis et Charlemagne, et quand le monde, tout d'abord étonné, a subi peu à peu le charme et l'ascendant du peuple-soldat, fils aîné de l'Eglise et chevalier du Saint-Sépulcre ; quand le Rhin et la Seine, la Garonne et la Loire baignent des rivages chrétiens ; quand enfin la France s'épanouit au grand soleil de Dieu, le barbare qui l'a fondée se souvient de ses forêts, de ses prières et de ses sacrifices... Il les veut faire revivre en l'honneur du vrai Dieu... Il appelle le génie de ses prêtres, de ses pontifes, et voici que la pierre entassée sur la pierre se découpe en dentelles, les colonnes s'emmêlent aux colonnes, et du fer de sa lance, on dirait, le guerrier, à travers les arceaux, trace les ouvertures aux vitraux étincelants !... Cologne et Strasbourg, N.-D. de Paris, la Sainte-Chapelle, Chartres et beaucoup d'autres sanctuaires, s'élancent au sein des airs avec leurs flèches et leurs tours ; la Sainte-Chapelle chantant, comme on l'a dit, un hymne au T.-S.-Sacrement, et Chartres gémissant sa tendre prière aux morts !

Notre frère vit passer dans les leçons de l'histoire tous ces éloquents souvenirs ; son âme s'éprit de ces divines splendeurs et gémit de les voir méconnues. Il s'était en effet rencontré des hommes qui n'avaient vu dans les siècles du Moyen-âge qu'ignorance et ténèbres ; ils ne prirent pas en main, comme les révolutionnaires, le marteau et la torche, mais, trop frivoles ou trop impies pour comprendre les œuvres de la foi, ils cherchèrent à les étouffer sous de lourds ornements. Le temple de Dieu, ce n'était plus pour eux la maison de la prière, aux voûtes hardies, mais bien un monument public soumis, comme tout autre, à l'alignement et au niveau. L'art épouvanté s'enfuit sous les coups qui l'auraient voulu mutiler. Un orateur chrétien l'a dit : « ce fut sur les genoux, dans les bras de l'Eglise qu'il alla se réfugier.... » Les prêtres, architectes au Moyen-âge, éternels ouvriers des œuvres qui racontent la gloire de Dieu, continuèrent les traditions gothiques, cherchant toujours pour la pensée humaine les hauteurs où elle aime à découvrir le Ciel ! Notre frère fut un de ces prêtres, un de ces ouvriers. Ici encore il rencontra en Monseigneur LEMÉE la sollicitude et les encouragements d'un père. Dans tout le diocèse, on fit appel à son talent : s'il fallait restaurer, il le savait faire avec une délicatesse pleine de goût ; s'il fallait construire, il demandait à sa foi et à ses études quelque chose qui parlât de Dieu à tout un peuple, et quand, — nous l'allons voir par le détail de ses œuvres, — la croix se plaçait au sommet de l'église achevée, dans l'élévation et la légèreté des voûtes, dans la découpure et la clarté des fenêtres, dans ce style pieux et plein de grâce, dans chaque pierre, si j'ose dire, on sentait le frémissement de l'âme d'un prêtre !

La chapelle de Nazareth, à Saint-Brieuc, fut la première œuvre de notre bien-aimé frère. M. l'abbé du Couëdic, vicaire honoraire de la cathédrale, ne s'effraya pas de la jeunesse d'un architecte jusqu'alors inconnu. Le plan, à sa demande, fut rapidement étudié et tracé. Monseigneur LEMÉE l'approuva avec de grands éloges, et la chapelle sortit de terre. Appuyée des deux côtés sur des bâtiments élevés, il fallait monter bien haut pour chercher les jours ; d'ailleurs, l'espace manquait, et surtout grande devait être l'économie... Toutes ces difficultés furent, autant que possible, vaincues, et, dans l'élégance et la légèreté des lignes, on salua avec charme le premier retour, dans notre pays, à l'art gothique, aussi bien que le premier effort d'une intelligence qui s'ignorait encore elle-même.

Au lendemain de cet heureux essai, Dieu réservait à notre frère des lumières plus vives pour rendre plus précieux et plus riche que jamais, à notre vieille cité, un antique et religieux trésor. Les habitants de Saint-Brieuc, aussitôt après la mort de saint Guillaume, avaient dédié à ce saint Pontife la vieille église alors connue, à cause de sa position, sous le nom de N.-D. de La Porte. C'était, du reste, le premier sanctuaire élevé dans la cité en l'honneur de la Très-Sainte Vierge. Une collégiale s'y était déjà fondée et l'office canonial s'y célébrait depuis des siècles, lorsqu'un jour il se tut tout-à-coup... C'était la Révolution !..[1] Depuis cette époque,

---

[1] Entre tous les monuments religieux qui croulaient çà et là dans le diocèse, la chapelle de Saint-Guillaume, à Saint-Brieuc, était la plus propre à réveiller l'affection et l'intérêt que les cœurs bretons éprouvent à l'aspect des ruines de leurs vieux sanctuaires. Son existence huit fois séculaire, les souvenirs religieux et historiques qui s'y rattachaient, son glorieux titre de collégiale et d'église royale, le nom qu'elle portait et qui rappelait le plus intrépide caractère d'homme, la plus belle âme de saint qui ait illustré l'Église briochine, c'étaient autant de droits sacrés

l'église de Saint-Guillaume resta abandonnée aux injures du
temps et des hommes... L'ouvrier ne visitait plus sa toiture,
et ses murailles s'affaissèrent sous soixante années de pluies
et de vents.

Pourquoi ses portes ne s'ouvraient-elles plus ?... Chacun
se le demandait tristement et beaucoup venaient pleurer,
au milieu des ruines, les beaux souvenirs d'autrefois ! Un
saint vieillard surtout, M. Jacques SÉBERT, ne pouvait, sans
une grande émotion, parler du jour heureux où, pour la
première fois, il reçut dans l'antique collégiale la grâce
insigne de l'absolution ; ce fut à lui que, tout plein d'une
audacieuse espérance, M. EPIVENT, alors curé de la cathé-

dont elle pouvait toujours se prévaloir pour demander une restauration
aux enfants dont les aïeux l'avaient bâtie et entretenue durant tant de
siècles. Personne, au reste, ne lui contestait le droit de reprendre sa
place parmi les monuments religieux du diocèse, et les vieillards de
la ville se souvenaient encore que le jour même où elle fut livrée à la
profanation et déshéritée des Reliques de saint Guillaume (15 mai 1791),
« le bruit se répandit dans le peuple que chaque nuit les cierges s'allu-
» maient et que l'on entendait le chant des prêtres dans l'église dé-
» pouillée. Ouvrait-on la porte, tout devenait silencieux dans la sombre
» nef. Tous les efforts de la police ne purent arriver à découvrir les
» auteurs de ce qu'elle regardait comme une mystification du fanatisme
» expirant ; mais le peuple voulait y voir les lamentations de tant de
» générations de prêtres dont la vie s'était passée à prier sur ces dalles
» qui allaient être témoins des plus horribles profanations. Ils pensaient
» que les Esprits protecteurs de l'antique église venaient pleurer sur elle
» et sur la ville dont ils avaient longtemps gardé l'entrée. Les attrou-
» pements qui se formaient autour de St-Guillaume, pour être témoins
» de ces merveilles, prirent, au mois de novembre 1791, un caractère
» tellement menaçant, qu'il fallut plusieurs fois les disperser par la force.»

(J. GESLIN DE BOURGOGNE, *Anciens Évêchés de Bretagne*, tome I, p. 281. — *Registre du
District & de la Municipalité*. — M. EPIVENT, curé de la Cathédrale, mort évêque
d'Aire et Dax, *Deuxième Appel aux Habitants de la Ville pour la reconstruction de
l'Église de Saint-Guillaume à Saint-Brieuc*, 1857, page 2).

drale et mort évêque d'Aire et de Dax, fit part de ses projets, et c'est de lui qu'il reçut une somme assez importante pour permettre de jeter les fondements de la nouvelle chapelle.

O saint Guillaume, encore un miracle !... ne le refusez pas à vos enfants !...

L'alignement de la ville ne permettait pas de conserver l'ancien plan, et le terrain dont on pouvait disposer ne se prêtait qu'à peine aux travaux désirés. Ce n'était pas assez pour décourager les donateurs, et quand notre frère fut chargé, par Monseigneur Lemée et par la commission, de l'œuvre glorieuse et difficile, il s'arma, lui aussi, de toute sa vaillante énergie et fit appel, de par Dieu, à son cœur et à son génie. Au sortir de la vallée, à l'entrée de la ville, c'était un clocher à jour qu'il voulait pour sourire au voyageur ; au-dessous, dans un gracieux vaisseau, toute l'harmonie, toute la richesse du style gothique vinrent s'unir et créer une œuvre ravissante. La chapelle aujourd'hui n'est pas encore terminée ; elle n'a pas sa flèche aérienne, non plus que la couronne de ses Saints ; la plupart des jours demeurent attristés de leurs vitres vulgaires ; ses murailles, exposées aux injures de chaque hiver, sont toujours veuves des clochetons et des galeries que notre frère leur promettait... Mais du dehors inachevé, convaincu qu'un jour tout se révélera sous le ciseau trop longtemps endormi, pénétrons dans l'édifice sacré.

Dieu est ici !... c'est la pensée qui saisit le chrétien dès qu'il franchit le seuil ; Dieu avec sa gloire, tout aussi bien qu'avec ses grâces infinies et son incomparable majesté ! C'est Dieu que me racontent ces colonnettes gracieuses et charmantes qui s'élèvent, s'embrassant un instant, et, du sommet du temple, repartent pour former sans fin de légers et vastes arceaux : c'est Dieu dans sa suavité... C'est encore Dieu dans sa clarté que me montrent ces fenêtres élancées d'où s'épanche la lumière, brillant des feux de l'arc-en-ciel;... c'est Dieu étendu sur sa croix que la forme du temple rappelle à ma piété, et c'est le Tout-Puissant qui s'abrite sous l'ampleur mystérieuse du sanctuaire sacré ! Tout parle bien haut du Maître qui est là !... Le cœur, après qu'il s'est ému d'un aussi beau spectacle, de lui-même demande le repos de l'amour aux touchants symboles qui recouvrent l'autel : c'est un cœur avec sa flamme, le Cœur de Jésus ; ce sont les Saints qui nous protègent au Ciel ; c'est MARIE, leur Reine et notre Mère, qui appelle les affligés !... Elle les console ici... et puis, d'une main, elle montre aux Bretons sainte Anne, leur bien-aimée patronne, et, de l'autre, saint Joseph, à ceux qui veulent bien vivre pour savoir bien mourir !... Autour de l'Arche sainte s'étendaient autrefois de riches et amples tentures ; nous les retrouvons pour embellir notre chapelle. Elles sont nées d'un gracieux pinceau [1].

N'est-ce pas tout un poëme que chante cette église ?... n'est-ce pas là, je le répète, la terre qui parle aux Cieux, et les Cieux s'entr'ouvrant pour la terre ?...

Monseigneur DAVID, dès son arrivée dans le diocèse, avait fait à la chapelle Saint-Guillaume le don magnifique de *onze mille francs*. Mais sa générosité ne s'en tint pas là, il voulut encore offrir au sanctuaire qu'il aimait, pour l'éclairer d'un nouveau rayon de lumière et de gloire, deux tableaux où se liraient deux belles pages de notre histoire ecclésiastique.

[1] M. Francisque LEMOINE.

Il les demanda à un grand et vaillant artiste. Autrefois, sur les bancs du collége, M. Gouëzou et notre frère s'étaient entrevus à l'étude du dessin; Dieu les rapprocha, après une longue séparation, pour travailler tous deux à son temple, pour lutter tous deux de talent et de foi, et pour s'aimer toujours! Ainsi se montre aujourd'hui la chapelle Saint-Guillaume, toute brillante comme aux anciens jours, belle de sa beauté native, belle surtout de la foi et de la piété des fidèles qui ont tenu à reconquérir ces pierres sacrées sur lesquelles s'étaient agenouillées tant de générations, et à effacer l'opprobre qui couvrait ces ruines et que ces ruines reflétaient sur la cité! O saint Guillaume, le miracle! vous l'avez donc fait!... Merci de vous être servi de notre bien-aimé frère!

La chapelle Saint-Guillaume était trop belle pour ne pas attirer les regards : la réputation de l'architecte se répandit bien vite. Les Dames du Sacré-Cœur de Rennes confièrent à son talent la construction de leur chapelle, et quand Monseigneur BROSSAIS DE SAINT-MARC, qui occupait alors le siége archiépiscopal de cette ville, consacra l'édifice, parfaitement achevé, il sut trouver en son âme des accents de reconnaissance et des éloges plus précieux que toute gloire humaine. Je ne dirai qu'un mot de cette chapelle. Sœur de Saint-Guillaume par le style et la pensée, elle put de suite revêtir une richesse de détails que l'autre ne connaît pas encore... Tout y est complet, tout y a reçu de l'artiste ce suprême attouchement qui illumine la beauté. Chaque partie de l'ameublement, aussi bien que la moindre des colonnes ou des galeries, porte cette empreinte charmante, dernier mot de l'idéal rêvé, si toutefois l'idéal se réalise ici-bas...

Après la chapelle de Rennes, ce fut le cloître du Séminaire de St-Brieuc, puis l'église d'Yffiniac, où Monseigneur Lemée voulait laisser un beau et durable souvenir de sa tendresse pour son berceau. Mais ici des difficultés s'élevèrent ; le plan de notre frère subit, après la mort de Monseigneur Lemée, d'inacceptables modifications. Une expertise fut provoquée et demandée par notre frère près de Monseigneur Martial, et, après son jugement, toute responsabilité fut déclinée.

A Landébia, le besoin d'une nouvelle église se faisait sentir, mais l'ancienne contenait certains détails sur le mérite desquels on n'était pas d'accord. Ce fut au jugement de notre frère qu'on en appela, et il se prononça pour la reconstruction.

A Gouarec, à Loudéac, à Créhen, il restaura ou augmenta les bâtiments des communautés. A Lamballe, il dirigea les travaux de la chapelle des Ursulines. A Pordic, il fut choisi comme arbitre dans le différend survenu pour l'établissement des fenêtres du chœur, et plus tard encore, pour les difficultés qui surgirent entre Monseigneur l'Evêque de Vannes et M. de Perth, architecte de la nouvelle basilique de Sainte-Anne d'Auray.

A Tréguier, il décora la cathédrale pour la translation des reliques de Monseigneur Le Mintier, et conduisit au Petit-Séminaire des travaux importants d'agrandissement.

A Trégastel, il refit presque entièrement l'église paroissiale, et construisit, à la demande de M. de La Tour, alors député, celle de Kerbors. A Kermoroc'h, M. l'abbé Ollivier, vicaire-général, le pria de faire un ossuaire, charmante chapelle octogone dont chaque contre-fort est couronné d'un ange portant les insignes de la Passion ; le tout est surmonté d'un magnifique calvaire en granit.

Sur les bords de la rivière de Paimpol, Monseigneur DAVID le chargea d'élever le monument de Keroc'h ; il ne put malheureusement mettre à sa disposition qu'une somme très-infime. — Dans le parc de l'Evêché, une tour devait symboliser, gracieuse et hardie, les armes de l'Evêque de Saint-Brieuc. Notre frère en présenta à Monseigneur, qui le lui avait demandé, un charmant dessin ; mais le désir d'une allocation du Gouvernement fit préférer celui de l'architecte officiel.

La Maison d'éducation de Saint-Charles était à construire. Un architecte n'aborde jamais sans une certaine hésitation un travail de cette importance et de cette difficulté. Rien, en effet, ne demande plus d'expérience de la part de l'ouvrier, rien aussi plus d'harmonie dans l'ouvrage, et, comme l'écrit un grand éducateur, « tout doit, dans une telle maison, » élever les âmes et sauver les corps [1]. » Les RR. PP. de Sainte-Croix du Mans dirigeaient alors cet établissement ; ils avaient déjà eu recours à la bonne volonté de notre frère, qui avait construit leur communauté près de la chapelle de Notre-Dame d'Espérance ; ils firent un nouvel appel à son talent, et notre frère leur offrit un plan qui fut unanimement admiré. Le manque d'argent, ce triste nerf de toutes les choses humaines, en arrêta seul la réalisation.

Je ne dirai rien des nombreuses constructions dont il accepta de faire les plans et de diriger les travaux, pour faire plaisir à des amis de cœur, non plus que de celles de la

[1] Monseigneur DUPANLOUP, évêque d'Orléans.

famille, qui pourtant sont de lui, et dont l'une, à notre frère Pierre, s'élève avec sa gracieuse tourelle non loin de la mer.

Ce fut à la chapelle des Dames Augustines de Guingamp que l'artiste chrétien donna son dernier sourire ! Il ne la vit pas achevée !... Son âme cependant eût pu si bien s'y dépenser tout entière, sans obstacles, sans arrêts et sans difficultés !... mais la mort était là !...

L'œuvre était à peine terminée, l'autel tout nouvellement consacré, que nous assistions tous, au milieu de notre deuil, au service funèbre que s'empressait de faire célébrer la digne Supérieure de la communauté, à la mémoire de celui que nous venions de perdre. Ce premier hommage à notre regretté frère fut un grand adoucissement à notre immense douleur ; mais il ne suffit pas à la générosité de la bonne Religieuse, et, avec une exquise délicatesse, elle daigna nous donner encore l'assurance que le frère que nous pleurions serait inscrit au nombre des bienfaiteurs de l'établissement et secouru à perpétuité par les prières de la communauté. Cette bienveillante attention nous toucha jusqu'aux larmes !

Je n'ai dit que bien peu de tout ce que fit notre frère... Je pourrais si aisément fouiller dans le trésor de ses pensées, dans ces pages qu'il écrivit, pleines de science et de sagesse, sur l'architecture chrétienne au Moyen-âge et dont à peine quelques-unes ont pu paraître dans la *Semaine Religieuse*. Mais je me souviens que le prêtre s'endort, en son dernier sommeil, enveloppé de vêtements noirs : je laisse ce voile à l'humilité de celui que nous avons tant aimé... Ce qu'il fut, il le fut devant Dieu, pour Dieu seul ! Trop haut pour s'attacher à la terre, il n'a fait que des œuvres qui puissent le suivre au Ciel !

Aux jours de sa jeunesse, il avait un amour, une passion : la Croix !... Et n'est-ce pas à une croix qu'il donna toute la splendeur et l'élégance de son génie, épuisant en ses ciselures toutes les merveilles, toutes les richesses de l'art gothique, et l'ornant des images de la Vierge désolée et du Disciple chéri ?... Lannion conserve et montre avec orgueil ce glorieux monument d'orfèvrerie. La Croix ! elle nous rappelle qu'au milieu d'applaudissements et de succès si hautement mérités, notre frère rencontra des épines qui blessèrent jusqu'au vif de son âme... Il vous fallait donc à vous aussi, ô mon frère, « *ce je ne sais quoi d'achevé que donne la douleur !* [1] »

[1] LACORDAIRE.

VII.

LE PRÊTRE.

Tu es Sacerdos in æternum….
Tu es Prêtre pour l'éternité….
(Ps. cix, 5.)

L'homme n'est vraiment grand que par le cœur! De son intelligence, il peut éblouir et s'éblouir lui-même; il étonnera et s'étonnera peut-être des énergies de sa volonté... tout cela ne fait pas l'homme!... Il lui faut le cœur!... S'il en est ainsi de l'homme, que dirai-je du Prêtre, victime volontaire, christ à jamais crucifié?... Où puisera-t-il, si ce n'est en son cœur, assez de sang et assez de force pour ne jamais défaillir, pour rester humble au milieu des splendeurs que Dieu donne à son esprit, pour rester fidèle à ses propres résolutions? Chaque matin, les battements de ce cœur perdent leur propre vie, c'est Jésus-Christ qui vit! De là son zèle, son courage, sa force et sa science!...

C'est Jésus-Christ vivant au cœur de notre frère que je veux essayer d'esquisser ici. Je regarderai d'abord dans les replis intimes de ce cœur, qui s'était donné pour ne plus se reprendre ; puis dans ses épanchements vers les âmes où il déversa tant de baume et guérit tant de blessures.

En descendant de l'autel, notre frère ne quittait pas Jésus-Christ, il le retrouvait et le savourait, si j'ose dire, pendant les heures de chaque matinée, par la lecture pieuse et approfondie des divines Ecritures ; il le revoyait aimé et pratiqué dans la vie des Saints. Dieu, c'était donc la base de tous ses jours, la première occupation de ses pensées, le premier objet de ses travaux ! Dieu, en sa sublime et très-sainte nature ; Dieu, annoncé par les Prophètes, chanté par David, prêché par saint Paul, aimé par saint Jean ; Dieu, étudié et expliqué par les SS. Pères et les Docteurs... C'était alors pour notre frère les heures bénies, les heures où son âme ne respirait que du côté du Ciel ! Puis venait la réunion au repas du midi : le Prêtre s'asseyait au milieu de ceux qu'il aima jusqu'à la fin. Il trouvait de suite une parole fraternelle et joyeuse pour animer nos bons rapports, et cette parole restait toujours la gardienne sévère de la plus stricte charité ! C'est qu'entre nous, nous devions nous aimer ! Frère, il nous y invitait de son exemple et de sa tendresse ; mais entre nous, nous plaindre ou nous blâmer, Prêtre, il nous le défendait !...

Quelques moments de repos, presque toujours passés près de sa famille, s'écoulaient bien vite, et notre frère, après la récitation de l'office, se remettait au travail. C'était le moment de ses études bien-aimées.

Eclairant de son intelligence les secrets et les difficultés, de sa volonté terrassant les obstacles, il jouissait des sublimes

révélations de la musique, et, sous sa main, l'architecture
semblait ne plus avoir de mystères ! L'artiste tenait la plume
ou le crayon, le Prêtre travaillait ! Sur ses lèvres comme
en son cœur, il n'y eut jamais un chant, jamais une œuvre
d'harmonie qui ne chantât son Dieu ou ne prêchât le soulagement des pauvres... Il n'y eut jamais un monument de
son génie qui ne fût un asile pour Dieu ou les enfants de
Dieu ! La gloire humaine, les éloges des hommes ? Mais,
depuis longtemps, il les a méprisés. Qu'eût-il donc fait pour
les mériter ? Être un homme d'esprit était-ce assez, quand,
par-dessus tout cela, il pouvait être ce qu'il fut : prêtre dans
toutes ses œuvres, prêtre de toutes ses forces et de toute
son âme ?... Ne nous étonnons pas du calme de cette âme,
au sein des ivresses et des séductions musicales... Comme
Fra-Angelico, le disciple charmant du Docteur angélique,
notre frère travaillait sur la terre, mais à genoux et les yeux
ravis de ce qu'il voyait et de ce qu'il espérait au Ciel !
C'était à MARIE, Reine des Prêtres et Vierge très-fidèle,
que notre frère chaque soir donnait les derniers instants du
jour, en récitant son chapelet. Dans son humilité, il savait
et sentait la faiblesse de ses propres forces, et, pour y suppléer, il aimait à s'entourer de toutes les richesses spiri-
tuelles de l'Eglise. Il s'était composé un recueil précieux des
prières les plus favorisées de saintes indulgences et c'était
là qu'il cherchait un aliment à sa piété. Le jour se terminait,
et le Prêtre, sous l'œil de Dieu, pouvait attendre l'heure
de reprendre le fardeau doux et léger pour le bon serviteur.

Son âme se possédait dans la patience et dans l'abné-
gation. Ne trouverons-nous pas, sous de telles vertus, des
aspirations à de plus hauts sommets ? A ce Prêtre ainsi

nourri de la parole de Dieu et du sang du Calvaire, à ce Prêtre à l'âme pétrie d'une invincible énergie et d'une si ardente charité, il faut un autre chemin que le chemin de tout prêtre !... Il a entendu : « *Soyez parfait !* » et il veut être des parfaits. Ce n'est pas que son cœur n'aime son père, sa mère et ses frères ; ce n'est pas qu'il oublie son berceau et puisse tout quitter sans souffrir ; mais, appelé par Jésus, il veut aller dans sa Compagnie... Il veut aimer le Christ au-dessus de tout amour ;... il veut plier son âme au joug de l'obéissance, il veut mourir à tout pour vivre de la vie !... Longtemps il examine, interroge et consulte ; longtemps il cherche jusqu'au fond de lui-même s'il en aura le courage, et décidé, pressé par Dieu, mais toujours soumis, il demande à son Évêque la permission de partir... Un tel Père ne pouvait se résoudre à se priver d'un tel fils ; et puis, tout auprès de son cœur, le cœur de notre mère, qui avait tout deviné, vint bien vite intercéder. L'Évêque refusa ! Le coup fut terrible pour notre frère : il était vaincu par le plus fort et le plus sacré des amours, mais son cœur était brisé, son âme abattue !... Son rêve avait été si beau ! Il aimait tant cette Compagnie de Jésus, où des âmes saintes l'attendaient pour l'aider à devenir un saint. Elles lui montraient la Croix qui l'appelait entre ses bras ; mais lui, pour obéir, demeura humblement à ses pieds, au milieu de ce monde refroidi, où il fallait se sanctifier tout seul pour sanctifier les autres.

A quelque temps de là, Dieu nous enlevait notre père ! La douleur fut bien grande au cœur de notre bonne mère ! Dieu ne la punissait-il pas de la blessure faite à l'âme de son fils bien-aimé ?... Il faut qu'elle cherche à guérir,... qu'elle parvienne à consoler ! Son amour lui en a bientôt suggéré le moyen. Depuis longues années, depuis que l'onction sacerdotale avait consacré son front et ses mains, notre frère était poursuivi par le plus ardent désir de se faire pélerin de Lorette et de la Ville-Éternelle, de vénérer ces lieux consacrés, sanctifiés par les grandes merveilles de notre sainte Religion. Est-il un sentiment plus naturel pour quiconque sent battre en sa poitrine un cœur de chrétien, un cœur de prêtre !... Ce pieux désir, il le conservait, il le nourrissait précieusement dans son âme. Mais, habituée à lire dans le cœur de ses enfants jusqu'aux moindres de leurs désirs, notre mère avait su découvrir celui que notre frère tenait timidement caché au fond de son âme.

Elle apprend qu'une pieuse députation se forme pour la Ville-Sainte ; c'en est assez pour faire battre son cœur de mère, et aussitôt elle demande à son fils de se joindre aux prêtres bretons qui vont partir pour Rome : « Je veux, » lui dit-elle d'une voix qui accusait l'émotion et la fermeté, » je veux que tu partages le bonheur des pélerins de Rome, » que tu ailles, toi aussi, puiser à leur source, et jusqu'aux » pieds du Saint-Père, les bénédictions dont nous avons » tous besoin. En visitant les lieux les plus saints, les reli- » ques les plus augustes du monde, tu penseras, n'est-ce » pas, à ceux qu'en me quittant tu laisseras près de moi, » et pour lesquels je vis aussi bien que pour toi !... Tu » songeras aussi à ta pauvre mère qui, en te voyant s'éloigner » d'elle, te suivra de ses bénédictions et de son amour !... » Et, pendant que tu prieras sur le tombeau des SS. Apôtres, » n'oublie pas un autre tombeau qui s'est fermé naguère » sur celui qui a été si subitement ravi à notre amour, et à » à la mémoire duquel nous ne donnerons jamais assez de

» larmes !... » A cette touchante prière, notre frère ne répondit lui-même que par une indicible émotion, et, plein de reconnaissance, il se joignit à la petite caravane [1].

Je ne dirai rien de son voyage : il nous l'a raconté en des pages près desquelles je ne puis rien oser.

Au retour de la Ville-Éternelle, notre frère se retrouva en face des désirs inassouvis de son âme religieuse, en face aussi de difficultés que l'on créait avec plus d'insistance que jamais à la maîtrise de la cathédrale. On lui avait enlevé l'orgue d'accompagnement : c'était compromettre l'œuvre si admirablement commencée ; c'était abattre le courage de celui qui s'y était consacré. Monseigneur LEMÉE le comprit, et, pour donner un aliment à son zèle sacerdotal, pour faire fructifier les dons de l'Esprit-Saint, il confia à notre frère la Maison des Dames du Sacré-Cœur. Il y entra comme aumônier le 13 août 1854.

Nous allons voir ici Jésus-Christ dans l'apôtre.

Les âmes avaient toujours singulièrement séduit cette âme droite, ardente, pleine de prudence et de zèle. Dès les premiers jours de son sacerdoce, il leur donna toute sa charité. Sous des dehors froids et austères, à qui frappait au cœur, le cœur répondait et, de sa parole, calmait les douleurs, soulageait les misères et consolait toutes les larmes. S'il fallait un intercesseur près des puissants et des riches, notre frère plaidait et gagnait la cause ; s'il fallait au pauvre un morceau de pain ; à une bonne œuvre, une obole, il savait

---

[1] Elle se composait de MM. Bigrel, vicaire-général ; Derrien, recteur de Pléguien ; Briend, missionnaire de la Guadeloupe, et de notre frère.

encore quêter et obtenir... Les membres souffrants de Jésus-Christ, il les avait toujours aimés, soulagés et guéris. Aujourd'hui, c'est à une autre partie du troupeau qu'il était envoyé, à des cœurs dans lesquels la vie se formait; à lui de les éclairer des rayons de la foi !... Ce qui lui coûtait le plus, il nous l'avouait lui-même, c'était la prédication. La divine parole embrasait son cœur, remplissait son âme; ses lèvres n'osaient la traduire,... elles semblaient s'effrayer à l'attouchement divin ! Mais, envoyé, il ne recula pas ! Il demanda sans doute, en son humilité, les flammes du charbon d'Isaïe, et sa parole se révéla forte, pieuse, croyante. D'un style correct et nouveau, d'une ardeur douce et toujours maîtresse d'elle-même, il parlait, non pour éblouir, mais pour convaincre; il disait Dieu, et l'âme se pénétrait de Dieu; il parlait des devoirs du chrétien et des beautés du Ciel, et l'âme se décidait à devenir meilleure et s'éprenait du bonheur promis. Aujourd'hui qu'il est mort, sa parole est demeurée vivante; là où elle est tombée, elle a germé... les cœurs qui l'ont reçue l'ont gardée comme un trésor, un trésor dont ils recueillent les fruits.

Il a donc tout donné aux âmes : ses forces, ses talents, sa vie... et aussi ses larmes !... Oh ! les larmes du Prêtre... Je ne parle pas ici de celles qui s'écoulent sous les coups de l'amour, aux pieds adorés de Jésus; mais bien de celles-là qui s'échappent, brûlantes et amères, du cœur blessé par la calomnie !... Tout homme ici-bas a l'homme pour ennemi; le Prêtre, plus que tout autre, est frappé et meurtri ! C'est son partage, je le sais; il est victime et doit être immolé;... mais renoncer à tout pour être tout à Dieu; s'oublier soi-même, laisser tout intérêt, toute ambition, tout désir pour n'être plus qu'aux âmes; dépenser pour elles toutes les forces de sa volonté et toutes les lumières de son intelligence, et recueillir l'insulte ;... et cette insulte, toute baignée des larmes qu'on ne peut retenir, parce qu'après tout le cœur saigne,... la recueillir, la porter sur l'autel et l'offrir pour le salut de ceux qui vous frappent, c'est l'acte d'un héros chrétien ; je dirais d'un saint, si je ne parlais de ce que fit notre frère !..... Plus grand que l'injure, il la laissa passer sans y arrêter son regard. Il ne s'étonna pas de subir le sort du Maître, et, frappé dans ses œuvres, il continua ses œuvres, abrité et béni par Celui qui présidait alors et préside encore aujourd'hui aux destinées du diocèse.

Monseigneur DAVID, dès son arrivée, honora notre frère d'une estime toute particulière. Les hommes, avec leurs pauvres pensées, purent s'étonner de cette faveur, je ne leur répondrai qu'un mot : « *Si votre frère avait voulu*, m'a plus d'une fois répété Sa Grandeur, *il eût occupé les premiers postes !* » — *S'il avait voulu !*... Mais ce qu'il voulait, c'était le Dieu humble et caché qui avait béni son berceau, le Dieu de nos parents, saintement détachés des ambitions humaines, le Dieu qu'il prêchait dans la simplicité de sa forte parole, le Dieu servi dans une charité sans bornes !... C'était là tout... au-delà rien n'était plus pour lui !

Son Évêque cependant, malgré certains efforts, certaines paroles, n'écoutant que son cœur, réservait à notre frère une marque d'affection. Avec une charmante et délicate bienveillance, au commencement d'un repas où moi-même j'avais été gracieusement invité, Monseigneur fit remettre à l'aumônier du Sacré-Cœur un large pli. Sur le cachet de

cire rouge qui le fermait on lisait ces mots : *Nil justius :
Rien de plus juste !* Notre frère, avec la permission de Monseigneur, s'étant retiré pour en prendre connaissance, je le
vis revenir presque aussitôt et se précipiter aux pieds de Sa
Grandeur, qui, lui reprenant la lettre, la remit à son secrétaire, en lui disant d'en donner lecture. C'était sa nomination
de chanoine honoraire. Tous applaudirent, répétant avec
Monseigneur : *Nil justius !* et je ne fus pas le dernier, on
le comprend, à révéler ma joie et à exprimer à Monseigneur,
pour moi et pour tous les miens, la reconnaissance dont
mon cœur débordait.

A quelque temps de là, notre frère obtint de quitter le
Sacré-Cœur et de se retirer au milieu des siens. Ce n'est pas
que, vaincu ou découragé, il abandonnât la lutte, mais les
âmes auxquelles Dieu seul parle savent qu'il est, dans la vie
du disciple de Jésus, une heure où, comme le divin Maître,
après avoir prêché, travaillé, souffert et pleuré, vient le moment de souffrir encore jusqu'au Calvaire,... mais dans le
silence et la prière !

VIII.

DEUX ALLOCUTIONS DE NOTRE FRÈRE. — UNE LETTRE DE ROME.

Ex abundantiâ cordis os loquitur.
La bouche parle de l'abondance du cœur.
(S. MATH. XII, 34)

De tout ce qu'a écrit notre frère, je ne révélerai que deux allocutions et une lettre.

Les deux allocutions ont été adressées par lui, aumônier du Sacré-Cœur, l'une à Monseigneur MARTIAL, l'autre à Monseigneur DAVID, son successeur, lors de leur première visite au couvent, à leur arrivée dans le diocèse. La délicatesse et l'élévation des pensées en font, je crois, deux belles pierres de ce monument d'amour et de reconnaissance que j'essaye d'élever ici.

La lettre écrite à la veille de son départ de Rome révèle toute la simplicité et toute la grandeur de sa foi, en même temps que l'élévation toujours égale de son style, alors même qu'il parle à sa famille de toute l'abondance de son cœur.

Allocution à Monseigneur Martial.

« Monseigneur,

» Depuis que la tombe s'était fermée sur votre illustre et
» saint Prédécesseur, le Sacré-Cœur de Saint-Brieuc, dont
» il était le fondateur et le père, était resté plongé dans
» un deuil que lui commandaient et sa piété toute filiale
» et son amour plein de gratitude ! Mais la divine Provi-
» dence, qui pourvoit à tout dans son infinie sagesse, nous
» fit bientôt entendre une voix consolatrice partie du sol
» fortuné qui vous possédait encore... Et cette voix trois
» fois bénie nous disait : « *Séchez vos larmes, votre petite*
» *famille ne sera pas longtemps orpheline... le Ciel, dans sa*
» *prédilection, vous a choisi le meilleur des Pontifes, le plus*
» *tendre des pères, et,* laissez-moi vous le dire, *l'ami le plus*
» *sincèrement acquis au Sacré-Cœur....* » — Pardon, vénéré
» Pontife, pardon père bien-aimé, de cette expression qui
» semblerait peut-être franchir les limites du respect pro-
» fond que nous devons à Votre Grandeur !... Cette ex-
» pression n'est pas de nous, elle nous a été communiquée,
» et, au besoin, ne trouverait-elle pas sa justification dans
» les sentiments de cœurs momentanément égarés par de
» justes regrets au loin, et ici par de légitimes émotions
» de joie ?...

» Si donc, cédant moins aux circonstances qu'aux besoins
» de notre cœur, nous aimons à Vous saluer, dès ce mo-
» ment si solennel et si heureux pour nous, du nom si

» doux d'ami du Sacré-Cœur, c'est que, ce nom, nous
» l'avons saisi avec empressement, et nous l'avons retenu
» avec bonheur. Et notre cœur qui déjà professe pour Votre
» auguste personne le respect le plus profond, l'amour le
» plus ardent, le dévouement le plus absolu, notre cœur
» se sent aujourd'hui vivement porté à l'adopter pour tou-
» jours, comme aussi à le redire sans cesse.

» Oui, Monseigneur, Vous êtes non-seulement le Bon
» Pasteur de notre cher petit troupeau, comme nos joyeuses
» banderolles le disaient naguère à notre heureuse cité,
» mais Vous en êtes encore le père le plus tendre, l'ami
» le plus sincère !... Et ne l'avons-nous pas lu déjà en Votre
» exergue, toute empreinte de la charité dont le divin Cœur
» de Notre-Seigneur Vous a embrasé pour ses enfants ! Ne
» l'avons-nous pas lu mieux encore dans Votre cœur si
» transparent, si vaste, si généreux qui, dans un premier
» épanchement au milieu des siens, a su développer si heu-
» reusement cette sublime devise qui fait l'âme et la vie
» de cette admirable Maison du Sacré-Cœur : *Cor unum et*
» *anima una in corde Jesu !*

» C'en est donc fait, Monseigneur, Votre cœur a parlé...
» Nous l'avons compris, nous l'avons senti, il est à nous !
» Oui, mais aussi les nôtres sont à Vous ! Tous, nous vous
» les donnons ; tous, nous vous les abandonnons ! Pour-
» suivez l'œuvre si belle que Vous avez déjà si bien com-
» mencée ; faites que nous ne soyons jamais qu'un cœur
» et qu'une âme dans le Cœur adorable de Notre-Seigneur.
» Et puisque, pour consommer cette heureuse union, Vos
» premières paroles nous assurent de Votre bienveillance,
» de Votre amour, ah ! recevez en échange le cœur et, s'il
» le fallait, la vie de celui qui veut être, partout et toujours,
» Votre enfant le plus dévoué, Votre fils le plus soumis ! »

Allocution à Monseigneur David.

« Monseigneur,

» Qu'il a été beau pour vos enfants le jour où, Elu du
» Seigneur, Vous vous êtes solennellement acheminé, de
» la porte de notre antique cité, vers le Siége illustre de
» Brieuc et de Guillaume, au milieu de cette double haie
» qui Vous enveloppait de son respect et de son amour, à
» travers les fleurs et les guirlandes qui en étaient la faible
» expression, au son des joyeuses fanfares, au chant des
» hymnes d'allégresse !

» Qu'il était touchant surtout de voir cette foule, pieu-
» sement avide de recevoir Vos premières bénédictions,
» s'incliner sous une main que déjà l'on reconnaissait guidée
» par ce cœur vraiment paternel dont de lointains échos
» nous avaient à l'avance révélé les richesses !

» Mais pendant que cette multitude heureuse contemplait
» son nouveau et bien-aimé Pontife, nombre d'âmes d'élite,
» captivées par choix et par amour de Dieu, Vous faisaient
» un cortège invisible de leurs cœurs enchaînés au pied du
» saint Autel, d'où s'élevait pour Votre Grandeur le doux
» parfum de la prière ! Aujourd'hui, Monseigneur, elles
» vont en avoir une première récompense dans les béné-
» dictions que Vous leur apportez et qu'elles appelaient de
» tous leurs vœux.

» Voici donc, Monseigneur, que Vous êtes à nous, comme
» nous l'écrivait naguère Votre plume éloquente et comme
» nous l'a redit depuis Votre cœur, plus éloquent encore.

» Mais ce don si précieux de Vous en Notre-Seigneur ne
» saurait demeurer sans un heureux retour de la part de
» nos cœurs bretons, dont les affections sont aussi solides
» que le granit de nos montagnes. C'est assez vous dire,
» Monseigneur, que nous aussi, nous sommes à Vous ! Et
» comme Vous êtes ici pour nous l'expression sacrée de
» l'autorité suprême de Dieu, qui Vous envoie ; comme
» Vous êtes la personnification vivante de cette Eglise qui
» reste toujours inébranlable au milieu même des flots en
» fureur : *Ruunt et stat,* ainsi, Monseigneur, cette petite
» famille du Sacré-Cœur, dont nous sommes en ce moment
» l'indigne interprète, veut être invariablement à Vous par-
» tout, à Vous toujours !

» Tels sont, Monseigneur, les sentiments qu'une heureuse
» transparence Vous permet de lire dans les cœurs de nos
» chères enfants, sentiments que Vous trouvez rehaussés
» par une foi plus vive et plus puissante encore dans les
» cœurs de leurs dignes Maîtresses.

» Quant à nous, Monseigneur, si nous interrogeons le
» nôtre, nous y trouvons déjà pour Vous le dévouement le
» plus absolu, la soumission la plus respectueuse, l'amour
» le plus filial en Notre-Seigneur ! »

Bizarreries de nature ! avec une âme ardente et forte, qui
ordinairement est accompagnée d'une grande assurance,
notre frère avait une extrême défiance de lui-même et une
timidité native dont il conserva toujours quelque chose, ce
qui lui rendit la prédication pénible jusqu'à la fin. Mais il
n'en était pas ainsi quand il écrivait : sous sa plume, qu'il
laissait courir, la pensée s'échappait, comme les eaux d'une
source, aisée, vive, élégante, sans recherches ni efforts.
Qu'on en juge par la lettre que nous donnons :

LETTRE DE ROME.

« *Rome, le 4 Novembre 1853, jour d'adieu à la*
Ville-Éternelle.

» Mes chers Parents,

» Aujourd'hui la Ville-Sainte offrait un admirable spec-
» tacle ! Tout y était sur pied pour la solennité St-Charles.
» Dès le matin, les rues qui se trouvaient sur le parcours
» du cortège pontifical étaient magnifiquement parées ; les
» maisons étaient tendues de riches tapisseries et le pavé,
» couvert de sable jaune préparé à cet effet, était devenu
» une véritable voie d'or sous les pieds du Roi-Pontife.

» A neuf heures, toute la cavalerie pontificale formait,
» sur la susdite voie, une double haie, pour empêcher les
» encombrements qu'aurait nécessairement occasionnés la
» foule avide de voir le Saint-Père et de recevoir sa béné-
» diction. Un instant après, le noble cortège quittait le
» Quirinal et se mettait en marche vers l'église St-Charles.

» Rien de plus beau, rien de plus majestueux que la cour
» pontificale, composée de milliers de dignitaires ecclésias-
» tiques, civils et militaires, tous précédant, dans de pom-
» peux chars, l'illustre Vicaire de Jésus-Christ ! Oh ! qu'il
» était touchant de voir toutes les marques de joie, de
» respect, de vénération et d'amour que partout on se
» plaisait à donner au glorieux et immortel Pie IX !... Sur
» son passage, tous les fronts s'inclinaient, tous les genoux
» tombaient en terre, et toutes les bouches payaient un tribut
» à sa bonté si paternelle, à sa sainteté si éminente !... »

» Après un défilé d'environ une heure, tous les tambours,
» les fanfares, les musiques des soldats de toutes armes,
» réunis sur la place Saint-Charles, jetèrent un cri de joie:
» c'était l'annonce de l'arrivée de PIE IX sur le parvis de
» l'église ! Ce fut aussi le prélude d'une autre cérémonie
» bien émouvante, pour nous surtout qui ne la connaissions
» pas encore.

» A peine le Saint-Père eut-il mis pied à terre, que nous
» le vîmes s'élever immédiatement au-dessus de la foule
» compacte qui l'entourait. Placé sur un magnifique trône,
» il était porté par douze camériers attachés à la cour pon-
» tificale. Jamais PIE IX ne m'avait paru plus grand que
» lorsque j'ai vu l'humilité avec laquelle il acceptait cet
» insigne honneur ; jamais je ne l'avais trouvé plus beau
» qu'en le voyant faire ainsi son entrée dans le sanctuaire,
» entouré de tous ses cardinaux et autres dignitaires, levant
» souvent les yeux au Ciel pour y chercher les bénédictions
» qu'il répandait à pleines mains, et avec toute la grâce ini-
» maginable, sur ses nombreux enfants, prosternés en terre.

» Après cette entrée triomphale, il y a eu chapelle papale,
» comme au jour de la Toussaint. Je ne reviendrai pas sur
» ces détails, que vous connaissez déjà.

» Mon dernier jour à Rome sera donc pour moi un jour
» de bien délicieux souvenir !... ce sera une fleur précieuse
» dont je respirerai longtemps le doux parfum ! J'aurais
» voulu en offrir une part à Charles pour sa fête ; malheu-
» reusement ce n'était pas possible... Dites-lui bien toutefois
» que je lui ai tenu parole, en pensant beaucoup à lui ce
» jour-là. J'ai même tenu à·célébrer à son intention la
» sainte Messe, dans le sanctuaire où se trouve le cœur de
» son glorieux Patron. »

De telles pages resteront ! Notre frère s'y est incarné tout entier avec son âme de prêtre, de chrétien et d'artiste.

Rome l'éleva pour ainsi dire au-dessus de lui-même. Au centre de toute vérité, il avait trouvé pour sa foi des ardeurs nouvelles; pour son cœur, des amours plus dévoués, et Dieu soit mille fois béni d'avoir laissé tous les trésors de cette âme s'épancher, pour notre bien et notre bonheur, dans le sanctuaire de la famille, au milieu de nous tous qu'il aima tant et qui l'avons tant aimé !

VI.

Caritas ! ...
Charité !....

Le P. Lacordaire a d'un mot sublime défini le cœur du Prêtre : « *plus fort que le diamant, plus tendre qu'une mère...* » J'ai essayé de dire quelle fut la force de celui que nous pleurons, je veux maintenant parler de sa tendresse.

Nous étions bien nombreux autour de notre frère ; dès nos premiers pas, on l'a vu, c'est lui qui nous adopta pour nous guider et nous instruire. Plus tard, lorsque la mort nous enleva notre père et notre mère, nous nous sentîmes à peine orphelins, tant étaient bien gardés les sentiers de notre vie ; et, jusqu'à la fin, nous avons été aimés de cet amour qui ne recula devant nul sacrifice, et se donna sans mesure, par ce qu'il était sans bornes.

Il avait remarqué dans l'un de nous quelque chose de ce rayon qui l'illuminait lui-même et l'entraînait si puissamment vers la musique. Il ne voulut pas laisser dans l'ombre ces riches dispositions, mais bien au contraire rapprocher de suite cet enfant, jeune encore, du foyer où se puisent la lumière et la force, et en faire, Dieu aidant, un artiste, un grand musicien. Il cultiva lui-même les premiers germes, et quand la plante, assez forte, put être déplacée et qu'elle demanda plus de soleil, il conduisit à Paris notre frère Charles, qui venait de faire sa première communion. — L'épreuve était sérieuse, les sacrifices au-dessus de nos ressources... « *Charles nous rendra ce qu'il reçoit de nous,* » nous répétait souvent notre frère quand, sur la table de famille, un morceau de pain venait tout seul constituer un repas...

A Paris, un Italien octogénaire, M. Bergancini, ancien compagnon du Bienheureux Labre, reçut le premier, avec son âme ardente et pieuse, notre jeune frère. Hélas! la mort vint bientôt frapper le saint professeur et laissa l'élève seul.

M. Lefébure-Wély jouissait alors d'une grande réputation; son jeu enchanta notre frère aîné, qui de nouveau cherchait à Paris un berceau au talent qu'il avait vu naître avec tant d'amour. M. Lefébure ne voulait pas d'élèves! Il fallut toute l'influence heureusement rencontrée de M. Cavaillé-Coll pour gagner le puissant organiste et aussi pour l'amener à réduire ses exorbitantes prétentions. Charles enfin lui fut confié, et, à une telle école, il put tenter, dès l'année suivante, d'entrer au Conservatoire. Nos Députés des Côtes-du-Nord firent à cet effet des démarches près du Directeur, qui les reçut, selon son habitude, paraît-il, d'une manière peu gracieuse et peu convenable. Sans se laisser rebuter, ils insistèrent, et, après une épreuve sérieusement subie devant la commission, Charles fut admis.

Voilà donc cette jeune intelligence dans sa voie ; la voilà, dès le seuil de la vie, assurée de gloire et de succès ; la voilà avec tous ses goûts satisfaits et ses ambitions encouragées, et ce sera avec un légitime orgueil que notre vénéré père pourra bientôt, devant son instrument chéri, céder sa place à Charles, et, pendant qu'il s'y assiéra, alors que ses doigts maîtriseront si harmonieusement les puissances de son orgue, pendant que son âme s'exhalera tout entière en célestes accords, là bas, au fond du sanctuaire, une autre âme chante aussi, et c'est d'elle que l'artiste, souvent si merveilleux, a reçu la nourriture première ! C'est donc à elle aussi et à son dévouement qu'il doit, après Dieu, d'être ce qu'il est !... c'est à elle, après Dieu, qu'il devra dire à jamais : Merci !

Un autre artiste se révéla bientôt dans l'âme du plus jeune d'entre nous, et notre frère voulut faire donner à Pierre les mêmes soins et l'envoyer à Paris aux mêmes écoles. Malheureusement, la mort de notre père le rappela au bout de deux ans ; mais ces deux années, bien employées, avaient suffi pour affermir et éclairer son goût naturel pour la facture des instruments, aussi bien que pour développer chez lui le talent de l'organiste et du professeur. De retour au milieu de nous, il continua dans la facture les travaux de notre père et, malgré les nombreuses leçons qu'il était appelé à donner, il ne cessa pas de demander à ses sérieuses études ce que le temps ne lui avait pas permis d'acquérir à l'école des grands maîtres. Il fut l'une des joies les plus douces de notre bien-aimé frère, qu'il aida dans toutes ses œuvres musicales, le servant de son talent dans toutes les circonstances, et se montrant partout et toujours le filleul reconnaissant et le plus affectionné. Quelques années s'écoulèrent et l'orgue de Saint-Michel lui fut confié. Pierre, richement doué, lutta contre la pauvreté de l'instrument, et bien souvent, s'élevant au-dessus de lui-même, y sut trouver des sons harmonieux. Fidèle aux traditions de celui qui nous instruisit tous, alors, comme aujourd'hui, il ne demanda ses inspirations, lui aussi, qu'à la grande musique chrétienne.

J'ai prononcé le mot : « *pauvreté de l'instrument !...*» C'est réveiller le souvenir des jours les plus douloureux peut-être de notre regretté frère !... L'heure vint où la Fabrique de Saint-Michel se décida enfin à renouveler son orgue, et ce fut à notre frère aîné qu'elle confia tout à la fois le choix du facteur et la surveillance des travaux. M. Cavaillé-Coll était trop connu et trop aimé de toute la famille pour que l'on pût songer un instant à un autre, et, sur la proposition et les instances de notre frère, il accepta l'entreprise. Tout avait été réglé de part et d'autre, les conditions acceptées; tout devait donc aussi marcher à souhait. Mais, hélas! en toutes choses humaines, il y a les hommes, leurs intérêts et leurs passions !... Les ouvriers de M. Cavaillé-Coll, non-seulement n'apportèrent pas toute la célérité promise, mais, malgré tous les efforts de notre frère, ne donnèrent presque aucuns soins aux parties les plus délicates de leur travail. Il fallut réclamer, parler même avec sévérité, et, quand tout se terminait enfin, des prétentions inattendues surgirent et devinrent telles que la Fabrique s'en émut. Notre frère, au nom de l'amitié, avait parlé à l'amitié; et, des deux côtés, il se vit blessé au cœur par les exigences des uns et les défiances à peine voilées des autres. Il jugea néanmoins à la seule lumière de sa conscience, quand, l'orgue achevé, il s'agit de le recevoir. Quoique seul de son avis, il se prononça énergiquement contre la réception. Il parlait au nom de la vérité ; on ne voulut pas le comprendre !... Ceux-là mêmes en faveur desquels il agissait, séduits par des experts complaisants, et contre toute prudence humaine, fermèrent les yeux et l'abandonnèrent au blâme. Ils ne pensaient pas comme lui ; cependant, lui seul avait raison. Le facteur lui-même fit revoir tout l'ensemble du travail par son plus habile ouvrier, et celui-ci, à la première inspection, découvrit et reconnut avec loyauté tous les défauts que notre pauvre frère avait signalés ; comme lui, il déclara que le travail tout entier avait manqué de soins et qu'il fallait y revenir. Il y revint donc lui-même, et M. Cavaillé renonça à ses prétentions exagérées. Avoir eu raison, cela ne guérit pas la plaie faite au cœur de notre frère... Cette plaie, plus d'un l'avait ouverte ! Il la porta jusqu'au tombeau.

Je n'ai fait qu'effleurer tout ce triste sujet ; il est des bornes plus étroites que celles de la justice, ce sont celles qu'impose la charité !... Si j'ai parlé ici de cette grande couleur, c'est qu'à nous, qui vivions âme contre âme avec notre frère, elle nous montra, plus que jamais, toute la grandeur de sa vertu.

J'ai dit comment en lui le Prêtre aima les siens ; je le redis du frère : il les aima jusqu'aux larmes !.. Nous étions trois qui, sur ses traces, voulions être des Prêtres... avec quel dévouement il s'efforça de nous instruire ! De plus, il nous appela à partager son talent, et nous étions heureux, nous aussi, de pouvoir lui apporter notre concours à la Maîtrise de la cathédrale. Ce qu'il fit pour nous, Dieu l'a connu et sans doute l'en a déjà récompensé !... Que j'aime à espérer son bonheur éternel, moi surtout qui dois tout à

mon frère ! Si je n'ai pas faibli, c'est qu'il était ma force !
si je continue maintenant qu'il n'est plus là, c'est qu'il reste
mon exemple et qu'il me tend la main !... Nous resterons
tous à l'œuvre qu'il nous a laissée ; et si parfois le vent,
qui démolit et qui brise, passe sur notre cœur, nous lutte-
rons, parce que lui, si fort que fût l'orage, il s'est tenu
debout, le cœur en haut et la main au travail. Oui, au
travail ! car, tout éloigné qu'il parût des choses humaines,
même des travaux du ministère, notre frère était encore
tout à la charité et aux œuvres du zèle. A qui l'appelait
pour secourir une misère, il accourait ; à qui frappait au
Tribunal sacré, il apportait, avec les fruits de son expérience,
toutes les suaves bontés d'un père !...

Saint-Guillaume, dont il avait la direction, était devenu
sa seconde famille. C'est là que Dieu et les âmes se parta-
gèrent sa vie. Il y donna une nouvelle impulsion aux con-
fréries de *N.-D. des Malades* et à celle de *N.-D. des Suffrages*,
pour les morts souffrant au Purgatoire. Qu'il les aimait,
ceux-là, au-dessus encore de tous les autres ! de quelle
tendresse, de quelle charité il entourait leur souvenir ! avec
quels accents il demandait pour eux des prières, et avec
quelle ineffable piété il suppliait lui-même Jésus-Christ, au
saint Sacrifice, de leur donner le repos éternel !... Sauver
les âmes et les défendre contre les passions de la terre, et
puis les arracher aux flammes dont Dieu les purifie, c'était
le cri de son cœur, d'un cœur qui avait compris cette grande
parole : « *Sauver le monde, c'est le seul horizon qui soit digne*
» *d'un chrétien !* [1] » C'est pour venir en aide à ces âmes

[1] LACORDAIRE.

souffrantes du Purgatoire qu'il établit à Saint-Guillaume la *Neuvaine* de prières solennelles qu'on y fait chaque année, au mois de novembre.

L'amour de notre frère pour les âmes lui avait de même inspiré la pensée du *Mois de saint Joseph* et du *Mois de Marie*. Depuis surtout que l'Église s'est choisi pour Patron le glorieux Patriarche, les cœurs chrétiens, dans un commun élan, ont rivalisé de confiance et d'amour ; à St-Guillaume aussi, en grand nombre chaque année, et je pourrais dire chaque jour de l'année, les fidèles viennent demander à saint JOSEPH la conversion ou la guérison de ceux qui leur sont chers. Les murailles, couvertes des tributs de leurs remerciements, disent bien haut qu'ils ont été exaucés !... Avec saint JOSEPH, c'est la Vierge MARIE ! Je voudrais pouvoir parler librement de son beau *Mois* à Saint-Guillaume ; nous en sommes trop pour cela... Mais il ne me semble pas qu'aucun de ses enfants puisse voir finir le mois de mai sans emporter au cœur, avec l'écho du chant des cieux, le parfum de la parole de Dieu ! N'est-ce pas qu'alors on vit plus fervent et meilleur !...

Notre frère a donc réalisé le plus doux de ses désirs : l'union intime et harmonieuse des chrétiens avec MARIE ! Aussi, après les douleurs de la vie, Dieu lui souriait dans la chapelle Saint-Guillaume, au milieu des âmes et au milieu de ses frères ! Ses frères... ils étaient prêtres comme lui ; comme lui, honorés de l'estime de leur Évêque ! Leur bonheur avait toujours été le sien !... Il allait leur laisser la mémoire de sa vie et l'achèvement de ses travaux commencés, pendant qu'au Ciel il leur préparait une place dans la demeure du Père de famille !

X.

MALADIE ET MORT DE NOTRE FRÈRE.

Tuis fidelibus, Domine, vita mutatur non tollitur....
Pour vos fidèles, Seigneur, la vie peut changer,
elle ne périt pas...
(ANCIENNE PRÉFACE DES MORTS).

La robuste santé de notre frère, soutenue par une indomptable énergie, avait reçu, sans y succomber, bien des atteintes. Ce qu'elle avait supporté nous permettait donc d'espérer une longue et vaillante vieillesse. Hélas ! Dieu ne le voulut pas ! Le 3 décembre 1876, premier dimanche de l'Avent, nous revenions ensemble des vêpres de la cathédrale ; notre frère se plaignit tout-à-coup d'une violente douleur et dut recourir à l'appui de notre bras. Dès notre arrivée à la maison, nous fîmes demander le médecin. Il accourut et nous rassura sur ce qu'il regardait comme une simple indisposition. Cependant le mal continuait, la douleur devenait plus aiguë !... Notre frère sembla comprendre tout de suite la gravité de son état, et tandis que le médecin persistait dans sa première manière de voir, lui annonçant même une certaine et prompte guérison, lui, il faisait appeler son confesseur. Pour achever la montée au Calvaire, il avait besoin, à l'exemple de Jésus, qu'on l'aidât au portement de la croix !... L'excellent P. Janselme, directeur au Grand-Séminaire, commença, dès ce jour, la sainte mission qu'il accomplit avec tant de zèle, de délicatesse et de dévouement.

De mon côté, j'examinai de près tous les symptômes de la maladie : ils me parurent si graves que j'en fis part au docteur, insistant pour qu'il redoublât d'attention. L'auscultation révéla de terribles désordres du côté du cœur, mais c'était trop tard les apercevoir !... Un autre médecin fut appelé ; celui-ci, comme son collègue, nous avoua ses craintes. Tous deux ne s'entendirent pas sur la marche à suivre, et tous les deux, nous l'allons voir, tous les deux se trompaient. Ce qui seul était vrai, c'est que notre frère était frappé à la source même de toute la vie : au cœur ! C'était là qu'il avait trouvé toutes les forces, tout ce que j'appellerai les raisons d'être de son apostolat et de ses immenses travaux,... et c'était là que la mort l'atteignait !

Mourir !... oh ! non, nous ne pouvions le croire... nous ne voulions pas laisser partir cette vie qui était notre vie, cette âme dont, si j'ose le dire, notre âme s'était faite. A côté des efforts impuissants de la science des hommes, nous luttions avec notre amour, nos prières et nos pleurs !... S'il fallait une victime, que Dieu prenne l'un de nous ! Qu'étions-nous en regard de celui qui, couché et haletant sous les coups du mal, trouvait encore la force de nous soutenir et de nous crier : « *Courage !!!* »

Notre-Dame de Lourdes, nous Vous avons suppliée de nous laisser notre frère, Vous nous l'avez enlevé ! Nous avons prodigué au soulagement de ses douleurs votre eau miraculeuse ! Nous avons placé sous ses yeux votre sainte Image ! Il buvait avidement l'eau de la grotte bénie ; il regardait amoureusement la statue qui lui parlait de Vous !... Vous demandait-il de rester ici-bas ? Je l'ignore ! Nous, nous vous le demandions ; nos cœurs étaient pleins d'un seul cri de prière et de foi ! Vous l'avez pris !... O Marie, ne nous avez-vous donc pas entendus ! ou plutôt, ô notre Mère, Vous l'aimiez et vouliez son bonheur, et Vous saviez qu'au Ciel, tout près de Vous, bien plus encore qu'ici-bas, il serait notre protecteur et notre frère !

Dès que la maladie de notre frère nous donna de sérieuses inquiétudes, j'en fis part à Monseigneur David, qui, sans ajouter foi, dans sa paternelle affection, à toutes mes craintes, voulut venir lui-même, et des premiers, visiter notre cher malade... Ce fut pour notre frère le plus doux des soulagements. La bonté de Monseigneur, ses encouragements, ses bénédictions et ses souhaits de prochaine guérison nous apportèrent à tous, comme à lui, une nouvelle énergie : nous voulions tant espérer !... En nous quittant, Monseigneur puisa dans son cœur une précieuse faveur pour notre bien-aimé frère, et nous accueillîmes avec reconnaissance la permission d'offrir le saint Sacrifice dans la chambre de notre malade !... La nuit de Noël, pendant que nous étions occupés aux offices des deux paroisses, l'un de nous disait la messe et donnait à notre frère le pain de l'Eucharistie ! Un sommeil calme et doux succéda à la visite du Bon Dieu !..

De tous côtés, nous recevions les plus sympathiques témoignages d'intérêt et d'affection ; et si personne ne pouvait, à la défense des médecins, pénétrer jusqu'à notre frère, ce

Lut pour lui cependant une vraie joie de savoir comment
on l'aimait et combien ses amis étaient nombreux.

Le Colonel du 71e de ligne, M. Suisse, toujours si plein
d'estime pour notre frère, nous pressait, depuis plusieurs
jours déjà, de recourir au Major de son régiment, médecin
éminent et expérimenté, quoique encore jeune. M. Buffé
voulut bien se joindre à ses deux collègues, et tout d'abord
condamna leur opinion et leurs remèdes... Il y avait, selon
lui, inflammation du péricarde... l'hydropisie gagnait rapidement ; il eût fallu, au lieu de l'eau dont on avait saturé
le malade par de grands bains, employer d'énergiques déri-
vatifs pour débarrasser le cœur. Il essaya, mais en vain, et
l'arrêt fut prononcé !... La croix se dressait implacable, mais
bien toujours aimée de celui qui l'avait choisie pour asile !
Il l'accueillit par ces touchantes paroles : « *Ce n'est qu'un
accident !... Après tout, pourquoi tenir à la vie !...* » Dieu se
montrait déjà à son âme, broyée comme le pur froment,
et, dans le secret de son cœur, dans le silence de ses lèvres,
il adora la venue de son Dieu !...

Nous ne le quittions plus... Tour à tour, nous étions près
de lui, essayant d'adoucir un instant l'ardeur de ses souffrances et rencontrant toujours en lui une patience parfaite,
un sourire après les plus fortes douleurs !... Les soucis qu'il
nous causait, les peines que nous prenions, il les regrettait,
il s'en excusait ; et nous montrant de son regard le Ciel,
où il montait, de sa main il nous redisait, dans de fortes et
tendres étreintes, l'amour constant, l'inépuisable dévouement
qu'il nous donna toujours : *Qualem caritatem dedit nobis !...* [1]

---

[1] I. Epit. S. Jean, III, 1.

Le dimanche 31 décembre, je dis à mon tour la sainte Messe et donnai encore une fois le Viatique sacré au voyageur qui allait nous quitter!... Nous étions tous là : frères, sœurs, neveux et nièces, tous, les yeux en pleurs, mais l'âme doucement ravie de ce grand spectacle que nous n'oublierons jamais... Un prêtre et son Dieu se rencontrant une dernière fois sur la terre pour s'unir d'une union qui ne finira plus !... Au milieu des épanchements de cet amour, voici les Anges et les Saints ; voici Marie, N.-D. de Lourdes ; saint Joseph, patron de la bonne mort ; saint Guillaume, le grand apôtre ; la douce sainte Cécile ;... tous ceux que le bon prêtre aima et qu'il a bien servis, et encore deux âmes qui appellent et attendent leur fils !... Tout le Ciel s'empresse, tout le Ciel supplie : « O Jésus, fortifiez celui qui » va mourir !... soutenez-le dans le dernier combat !... »

C'était, à nous aussi, notre prière !...

La journée, dont le matin avait été si beau, s'annonça meilleure que les précédentes... Nous pûmes placer notre frère dans un fauteuil... Il y resta de longues heures, afin de se procurer une bonne nuit. Il fit même, à plusieurs reprises, le tour de sa chambre ; il apprit avec bonheur une nouvelle visite de Monseigneur, et il se remit au lit vers neuf heures du soir. Tout nous invitait au calme et à l'espérance. Le mieux, le médecin lui-même l'avait constaté dans sa visite du soir, le mieux semblait cette fois réel et durable. « *Me voici bien maintenant,* nous dit notre frère, *allez » vous reposer, vous en avez tant besoin... je vous cause tant de » fatigues !... Je vous remercie ; allez, dormez bien !... J'espère » moi-même... reposer !* » Cette expression de reconnaissance et d'amour fut la dernière parole qui sortit de ses lèvres en ce monde. L'un de nous resta avec une de nos sœurs, et nous nous retirâmes vers neuf heures et demie.

A onze heures, on me réveilla en toute hâte... notre cher malade entrait en agonie !... Celui d'entre nous qui ne le quitta pas et se montra, par ses soins si assidus, si affectueux, digne de notre reconnaissance à tous, Félix, son gardien fidèle, soutenu par un héroïque courage, faisait les saintes Onctions ! — C'était une juste récompense donnée à tout son dévouement ! — Je me précipitai vers celui qui nous quittait et lui murmurai à l'oreille ces douces invocations : « *Jésus, Marie, Joseph !... Mon Jésus, miséricorde !...*» Un soupir me répondit et laissa place à un sourire ! Le Ciel s'ouvrait !... Nous restions tout seuls !...

Cependant nos frères et nos sœurs avaient été réveillés et étaient accourus... Ce fut pour tous un moment d'émotion indescriptible et de cruelles étreintes qui me brisent encore le cœur !... Il était onze heures et demie... à genoux, nous pleurions et nous priions !... Au Ciel, on priait aussi : ce n'était plus l'heure du combat, mais du jugement de Dieu !... et près de Dieu venaient intercéder les âmes que notre frère avait sauvées. Elles avaient vu, à sa prière, s'éteindre les flammes du Purgatoire ; elles priaient à leur tour : « *O Jésus, s'il faut pardonner, accordez votre pardon, et cou-*

XI.

Dissolutá terrestris hujus habitationis domo...
La demeure de notre séjour ici-bas se dissout...
(ANCIENNE PRÉFACE DES MORTS).

Dès que je pus articuler quelques paroles, je récitai, au nom de la famille, les premières prières !... Une excellente Sœur de Bon-Secours se chargea de veiller le reste de la nuit et de prier à notre place près de notre cher mort... et moi j'eus de suite la pensée de prévenir Monseigneur, et de demander aux diverses Communautés de la ville de vouloir bien se souvenir de notre frère devant le Bon Dieu, et de prier avec nous. A l'aurore, la voix si grande et si triste des cloches de la Cathédrale apprit à tous que notre frère était mort !...

Monseigneur DAVID nous donna tout aussitôt un nouveau et précieux témoignage de sa sympathie, dans une lettre pleine de la plus délicate et de la plus paternelle affection. Il applaudit à notre pensée de donner à notre frère, pour

dernier asile l'église Saint-Guillaume : « Il est trop juste,
» nous répondit-il, qu'après y avoir tant et si bien travaillé,
» il y repose près de Dieu ! » C'était d'ailleurs le seul lieu
que de toutes parts on désignait à sa sépulture. L'Adminis-
tration préfectorale accueillit notre projet avec une extrême
complaisance... Le Maire tout seul, outrepassant ses droits,
s'y refusa, et nous laissa de son refus une triste et amère
impression... Il était bien dur de penser que, sur le sol
breton, on refusait, au nom de la loi, un honneur à un
Prêtre !... La loi n'était pas contre nous .. mais seulement
les idées du temps ! Cet honneur avait été accordé à d'autres
autour de nous... la loi était la même... mais ce n'était ni
les mêmes hommes, ni les mêmes jours [1]. Monseigneur
nous offrit alors de faire placer une plaque de marbre commémorative qui rappelât à tous, sur les murs de la chapelle
Saint-Guillaume, l'œuvre sainte et féconde de notre bien-
aimé frère. Cette nouvelle marque d'estime nous toucha
profondément, et je m'empressai d'adresser à Sa Grandeur
l'expression de notre respectueuse reconnaissance. Mais ce
n'était pas la gloire humaine que nous demandions, ce
n'était pas un souvenir illustre... c'était le bonheur pour
nous de pouvoir nous agenouiller, en montant à l'autel,
près du tombeau de celui qui nous avait faits prêtres, et,
puisque ce bonheur nous était refusé, nous ne demandions
plus qu'une prière, au moins à ses amis !...

Ses amis, ils vinrent nombreux et désolés !... Si haut et
si loin que Dieu les eût placés, ils ne l'avaient pas oublié...

---

[1] M. l'abbé Vielle repose dans la chapelle de Nazareth, et M. l'abbé
Garnier dans celle des Sourds-Muets, dont il était le fondateur, comme
notre frère de la chapelle Saint-Guillaume.

Le Cardinal de Rennes, les Évêques du Puy et de Vannes, un grand nombre de religieux et de prêtres vénérés, nous écrivirent leur affection et leurs regrets !... et tous les autres, autour de nous, joignant leur douleur à la nôtre, vinrent soutenir nos âmes ; et, si nous l'avions pu être, ils nous auraient consolés !...

Le 2 janvier, il fallut rendre à la terre la dépouille mortelle... et tous nous suivîmes le cortège funèbre. O mon frère, vous quittiez pour jamais la demeure où nous avions été si heureux par vous et avec vous... et, pour la dernière fois, vous paraissiez dans ce sanctuaire témoin des travaux de toute votre vie !... O murailles bénies, vous vous cachiez sous vos vêtements de deuil... vous ne vouliez pas revoir muet dans la mort celui dont les chants charmaient vos saints échos !... Voix puissantes de l'orgue, vous aussi, vous vous taisiez !... Et vous, nos amis, qui, sous sa direction, nous aidiez à célébrer les fêtes de l'Eglise, vous restiez sans voix, près de nous !... Le silence s'était fait dans tous les cœurs auxquels il avait appris à chanter !...

La messe des morts fut célébrée par M. l'abbé Frélaut-Ducours, vicaire-général, avec le concours dévoué des Elèves du Grand-Séminaire, mêlant leurs chants de douleur aux lugubres accents de la musique militaire du 71e de ligne, qui, elle aussi, voulait, dans un dernier et solennel adieu, honorer tout à la fois un artiste et un prêtre. Monseigneur DAVID voulut lui-même donner l'absoute, et prier avec nous pour celui qu'il aima ! Autour de lui s'étaient rangés les membres du Chapitre, les Directeurs du Grand-Séminaire, les RR. PP. Dominicains du Tiers-Ordre enseignant, les

RR. PP. Maristes, les RR. PP. de N.-D. de Sainte-Croix du Mans, et de la congrégation du Saint-Esprit chargés de la colonie de Saint-Ilan ; les Professeurs de Saint-Charles, ceux des Sourds-Muets ; un nombreux clergé de la ville et des environs ; les Frères de la Doctrine chrétienne et des délégations de toutes les Communautés religieuses.

Les portes de l'église s'ouvrirent et le cortège s'avança vers le cimetière... Nous venions à la suite de notre frère Charles, que conduisait le général Marquisan ; M. l'abbé Prud'homme, doyen du Chapitre, m'accompagnait ; M. Lucas, inspecteur d'Académie, s'était joint à Pierre ; M. l'abbé Michel, secrétaire de l'Évêché, à Félix ; enfin, le R. P. Janselme, à Auguste. Puis, avant tous autres, venaient, partie dévouée et aimée de la famille, tous les membres de la Maîtrise. Les dernières prières furent dites sur la tombe par M. l'abbé Ollivier, premier vicaire-général.... Le corps de notre frère y fut descendu avec les Restes de nos parents réunis, et, au milieu des larmes, je le bénis une dernière fois, et mes deux frères prêtres avec moi, au nom du Père, du Fils et du Saint-Esprit !...

La foule s'écoula respectueuse et recueillie... On sentait qu'une grande douleur était au cœur de la cité tout entière !.. Notre frère avait passé humble et caché, mais le bien s'était fait sous ses pas, et tous mêlaient à leurs prières un souvenir reconnaissant.

Vous avez souri à la terre, ô frère bien-aimé, en voyant ce qu'elle donnait à votre mémoire et d'amour et d'honneur, et puis,... apercevant peut-être ceux qui vous avaient méconnu, et vous avaient fait pleurer, vous avez demandé à Dieu de les bénir !...

O mon frère, quel vide vous laissez au milieu de nous, qui n'avions de vie qu'en vous et par vous !... Mais vos exemples nous restent ; nous voulons sans cesse marcher sur vos traces et vivre de vos pensées. Votre souvenir, il ne s'effacera pas en nos cœurs, et nous nous ferons un devoir sacré de le porter chaque jour à l'autel du Seigneur, avec celui de notre père, de notre mère et de tous les nôtres.

Nous osons demander à tous ceux qui ont connu et aimé ce frère regretté de ne pas l'oublier devant Dieu, et d'offrir avec nous, aux Cœurs sacrés de Jésus et de Marie, quelques prières, des indulgences, des aumônes et quelques ferventes communions, pour cette âme si chère.

Daigne Notre-Seigneur leur rendre au centuple ce que la charité leur inspirera de faire à cet égard !...

XII.

AUX ENFANTS DE NOS FRÈRES

—

LE TOMBEAU.

Æterna in Cœlis habitatio comparatur...
Au Ciel, un séjour éternel lui est préparé...
(ANCIENNE PRÉFACE DES MORTS).

Venez au cimetière, petits enfants qui avez vu nos pleurs et qui pleuriez avec nous près du cercueil de notre frère, votre oncle bien-aimé !... C'est ici qu'il repose dans la paix éternelle du Christ, dans l'attente bienheureuse des enfants de Dieu !

Vous voyez son image au centre de cette grande pierre sur laquelle s'appuie la tombe de granit. Vous le reconnaissez à ses traits... Il vous regarde de ses yeux si bons... ses lèvres vous sourient... sa bouche, on le croirait, va s'ouvrir... Agenouillez-vous au pied de la croix; prions ensemble. Et puis, sur ce bas-relief orné d'emblêmes, lisez avec moi toute sa vie ! Un seul mot la résume : CHARITÉ !...

O mes enfants, vous avez reçu ses caresses; vous vous souvenez combien il vous aimait!... Mais savez-vous son amour pour vos pères?... C'est à lui, après Dieu, qu'ils doivent ce qu'ils sont; c'est lui qui forma leur cœur, qui dirigea leur vie, qui guida leurs premiers pas dans leur belle et grande carrière!

CHARITÉ!... Avez-vous remarqué qu'après sa mort une foule nombreuse se pressait et près de lui et près de nous!... C'étaient ses amis et tous ceux auxquels il avait fait du bien!

CHARITÉ!... O mes enfants, aimez-vous les uns les autres, comme lui-même n'a cessé de nous aimer toute sa vie!...

Aux deux côtés du livre où se lit : CARITAS! vous voyez un chapelet et, sur un tableau, l'église Saint-Guillaume. C'est lui qui la fit bâtir... c'est à lui qu'elle doit d'être si gracieuse et si belle... Mes enfants, lorsque vous y entrez, prenez vous aussi votre chapelet, et faites ce qu'il faisait: répétez doucement, et du fond du cœur, la prière de l'Ange à Marie!...

MARIE!... en voici l'image qui rappelle qu'il l'aima toujours... Mais n'êtes-vous pas venus aux soirs du mois de mai?...Vous avez entendu des chants de gloire et d'amour!.. Enfants, c'est votre oncle qui nous les apprenait!... Il en est beaucoup qu'il trouva dans son cœur et qu'il chantait avec nous!...

Voyez cet orgue et ces instruments silencieux et brisés!... Ils ne lui servent plus, maintenant que ses doigts sont glacés et que ses lèvres se taisent... mais vous connaîtrez plus tard de quelle harmonie, de quelle puissance il savait les animer.

Plus tard, vous comprendrez, mais apprenez dès maintenant. — Celui qui vous aima ne s'est pas éloigné... sa main

guidera votre main... son souvenir soutiendra votre cœur!...
Et surtout, n'ayez pas peur de la peine... Tout ce qu'il sut,
mes enfants, votre oncle l'apprit tout seul!.. Ces livres en-
tassés vous disent les longues heures consacrées à l'étude!...
Et s'il fut grand musicien, savant architecte, s'il laisse après
lui tant de temples bâtis à la gloire du Bon Dieu et tant
d'œuvres composées en son honneur, croyez-le, ce ne fut
pas sans un pénible labeur!

CHARITÉ et TRAVAIL! gardez-les en vos cœurs, et vous
serez heureux! Soyez aussi bons chrétiens!... Ce Calice et
cette Hostie, vous les avez vus souvent dans ses mains quand
il était à l'autel! Écoutez ce qu'il demandait alors pour vous
à Dieu... Ce n'était pas le bonheur de la terre, ce n'était ni
gloire ni richesse... jamais il ne les chercha ni pour les
siens ni pour lui,... mais, suppliant Jésus de vous garder
bien purs, pour vous sanctifier, il lui offrait sa vie pour le
salut de vos âmes!... Jésus a pris sa vie, laissez vos âmes
à Jésus!...

La croix de Jésus a béni le berceau de votre oncle bien-
aimé; unique et sainte espérance, elle protège aussi sa tombe,
et c'est au nom du Christ qu'on vous rappelle ici le jour
de sa naissance et le jour de sa mort, au nom du Christ
qui promet à son prêtre la palme de la paix et la couronne
de la gloire. Votre oncle, j'aime à le penser, est maintenant
en leur possession près de Dieu, et je bénis cette Religion
sainte qui donne des jouissances jusqu'au près d'un tombeau.

Si vous voulez mourir comme il est mort, vivez comme il
a vécu : soumis et obéissants, respectueux et dévoués! Aimez
ceux qui vous aiment, et... si, un jour, Dieu permet que

vous ayez des ennemis, regardez l'Hostie, et lisez : CHARITÉ !..
Puis, à son exemple, pardonnez à ceux qui font couler vos
larmes ! Aimez, aimez vos ennemis !...

Enfants, une prière encore, une prière pour lui, si son
âme attend à la porte du Ciel !... et, s'il est heureux maintenant pour toujours, c'est lui qui redira pour vous votre
prière à Dieu !...

Reconnaissance !

—— * ——

Je ne quitterai pas le tombeau de notre frère sans y déposer le souvenir de ceux qui l'ont aimé. Ils ont apporté à nos âmes désolées ce baume sacré dont il est parlé dans l'Écriture et dont la valeur est sans prix ! A eux tous notre éternelle reconnaissance !

Merci d'abord à notre digne et saint Évêque... Pour nous, il a ouvert tous les trésors de son cœur... Nous y avons puisé à pleines mains, sans les pouvoir tarir ! Dieu seul lui saura rendre ce qu'il nous a donné !...

Merci à tous nos généreux Confrères qui, durant ces jours de deuil profond, nous ont témoigné une bonté et une charité si touchantes !...

Merci à toutes nos excellentes Communautés de la ville et du diocèse qui ont daigné mêler leur puissante prière à nos prières et à nos larmes !...

Merci à tous ces nombreux amis qui, au jour des funérailles, remplissaient l'église et dont l'attitude nous révélait
l'affectueuse sympathie !...

Merci à la musique du 71ᵉ de ligne !... Une musique
militaire avait salué notre frère au jour où, pour la première
fois, il montait solennellement au saint autel... une musique
militaire le saluait encore quand, étendu dans son cercueil,
il venait au même autel pour la dernière fois !... C'est qu'il
y avait du soldat dans ce prêtre fidèle à son Dieu, fidèle à
ses frères.

Merci au jeune et habile architecte, M. Albert Leclerc,
de Paris, qui, de son cœur et de son talent, nous guida
pour élever le tombeau où dort son ami ! Dieu le bénira
dans les âmes qu'il aime !...

Merci à notre vaillant artiste breton, M. Hernot, dont
le ciseau se joue si merveilleusement des difficultés, et qui,
lui aussi, a mis à exécuter le tombeau de notre frère, non-
seulement son talent, mais encore, mais surtout, son cœur.

Merci enfin à tous ceux qui, de leur plume ou de leur
parole, ont salué dans la mort celui dont ils avaient connu
et apprécié la vie.

Oui, à tous, notre plus vive reconnaissance !

Et maintenant, j'ai fini !... Ces pages sont bien froides et
ce qu'elles contiennent est bien peu pour une vie si chère.
Pour moi, troublé par cette perte incomparable ; pour moi,
dont les jeunes études ont été guidées par lui ; pour moi,
dont il bénissait les infimes efforts au service de l'Église, d'une

main rapide et d'un cœur ému, je n'ai pu tracer qu'une faible esquisse ; j'ai laissé simplement s'échapper de mon âme une première effusion de mon admiration, de mon affection fraternelle et de ma douleur. Beaucoup de choses sont encore qui pourraient être dites ,... je les abandonne à la garde de Dieu.

Mon Dieu, vous nous l'aviez donné, vous nous l'avez repris !... que votre saint Nom soit à jamais béni ! A lui, le Ciel ! à nous, les larmes !... Mais, de l'exil à la Patrie, il reste un lien qui ne se rompt pas : c'est l'amour ! Nous vous aimerons donc toujours, comme nous vous aimions, ô notre frère ; et, dans les luttes de la vie, dans la pratique de vos vertus, dans la garde de vos exemples, nous vous suivrons, montant de degré en degré *« sur cette échelle d'or qui va se perdre en Dieu !* »

' Victor DE LAPRADE.

APPENDICE

TÉMOIGNAGES RENDUS A LA MÉMOIRE DE NOTRE FRÈRE

APPENDICE

TÉMOIGNAGES RENDUS A LA MÉMOIRE DE NOTRE FRÈRE.

> *Fac bonum et habebis laudem....*
> Faites bien et vous serez loué....
> (S. PAUL AUX ROM. XIII, 3.)

J'ai dit que notre frère avait aimé sa famille de toutes les forces de son cœur, qu'il avait donné à Dieu, dans l'étude de la musique et de l'architecture religieuses, la plus belle partie de son âme. Il m'est permis de prouver ma parole. Je rappelle donc ici ce qui a été écrit dans les journaux, au lendemain d'une mort qui ne nous frappait pas seuls, alors qu'elle enlevait au diocèse un prêtre dévoué ; aux arts, un archéologue et un musicien ; — un extrait des *Mémoires de la Société d'Emulation des Côtes-du-Nord*, où le Président exprime les unanimes et sincères regrets que cause à cette Compagnie la mort prématurée de notre frère ; — enfin, quelques-unes des nombreuses lettres qui nous ont été adressées en cette douloureuse circonstance.

Je ne crains pas de froisser, par tant d'éloges sortis de tant de cœurs, l'humilité de celui qui n'est plus avec nous : la voix de l'amitié a des droits sacrés, je les lui donne et la laisse parler toute seule.

I.

ARTICLES DE JOURNAUX.

SEMAINE RELIGIEUSE DU DIOCÈSE DE SAINT-BRIEUC & TRÉGUIER

(4 Janvier 1877).

« La ville et le diocèse de Saint-Brieuc viennent de faire une perte douloureuse. M. l'abbé Jules COLLIN, chanoine honoraire de la Cathédrale, après une courte maladie dont rien au début ne faisait soupçonner la gravité, a rendu son âme à Dieu le dimanche 31 décembre, vers onze heures du soir. Le temps nous manque pour essayer une esquisse même rapide d'une vie laborieuse qui, tout en se dévouant avec une tendresse paternelle à sa famille, a donné au pays des artistes qui en sont l'honneur, et enrichi notre vieille Cathédrale d'une Maîtrise qui peut soutenir le parallèle avec celles des églises les plus renommées.

» Né dans une condition modeste, on peut dire que M. l'abbé Jules COLLIN fut véritablement le fils de ses œuvres. Il n'était encore que choriste, que déjà son talent musical le signalait à l'attention de son maître, et lorsque celui-ci, sur sa demande, quitta la direction du chœur de la Cathédrale, il désigna lui-même à Monseigneur DE LA ROMAGÈRE le jeune COLLIN pour lui succéder, assurant que l'élève serait digne de remplacer le professeur.

» Le nouveau préfet de chœur ne tarda pas à réaliser toutes les espérances. Il ne nous appartient pas de dire tout ce qu'il déploya de zèle, d'activité, de talent pour organiser la Maîtrise. Dieu l'avait entouré de jeunes frères dont il devina les aptitudes musicales, et dont il sut tirer un excellent parti. Tandis qu'après leur avoir donné les premiers principes, il envoyait les uns à Paris, et leur procurait les leçons nécessaires pour les former aux grandes traditions musicales, il faisait les autres poursuivre leurs études, et, tout en utilisant leurs talents, il préparait à l'Eglise des prêtres qui devaient poursuivre l'œuvre dont il avait conçu l'idée et qu'il n'a pas abandonnée un seul instant. On a dit que l'homme qui a fait une œuvre dans sa vie a fait assez pour sa gloire : l'œuvre importante, capitale de M. l'abbé COLLIN, c'est la Maîtrise de la Cathédrale ; c'est vers ce but qu'il a fait converger avant tout son talent et son zèle, et, grâce au concours qu'il a trouvé dans tous les Evêques qui se sont succédé sur le siége de Saint-Brieuc, depuis Monseigneur DE LA ROMAGÈRE et Monseigneur LE MÉE, ses premiers protecteurs, jusqu'à Monseigneur DAVID, qui l'entoura d'une si constante affection, ce but a été atteint, et c'est toujours avec une légitime fierté que nous entendons les étrangers et les connaisseurs faire l'éloge de la Maîtrise, et lui rendre une justice qu'elle mérite à tous égards.

» Ce ne fut pas la seule œuvre de M. Jules COLLIN, son esprit cultivé s'ouvrait facilement à des travaux de différents genres. L'architecture ne lui était pas étrangère, la chapelle du Sacré-Cœur de Rennes, celle de Saint-Guillaume à Saint-Brieuc, le monument de Keroc'h, plusieurs restaurations importantes : l'église de Trégastel, la chapelle de l'hospice de Guingamp, etc., attesteront son mérite. La littérature lui doit certains travaux, la plupart publiés par la *Semaine religieuse*, et dont le style élégant prouve un goût littéraire formé par des études sérieuses.

» Nous ne pouvons parler de ses compositions musicales que pour dire qu'elles ont été appréciées par les artistes ; ce qui y domine, c'est la richesse d'harmonie et la science, qui lui a fait quelquefois sacrifier la beauté de la mélodie à la combinaison savante des accords. Quoi qu'il en soit, le *Miseremini*, l'*Hei Mihi*, les *Ave Maria*, nouvelles compositions de l'auteur, ainsi que les *faux-bourdons*, resteront une des richesses de la Maîtrise de la Cathédrale, qui gardera ainsi le souvenir de son fondateur.

» Nous ne voulons pas étendre davantage ce résumé rapide d'une vie tout entière consacrée au travail. M. l'abbé COLLIN, comme tous les hommes qui se sont fait un nom, pourra être diversement jugé ; mais nous sommes sûr d'exprimer la pensée de tous en disant que sa mort est un deuil pour l'Eglise de Saint-Brieuc, une perte pour la ville et une douleur immense pour sa famille.

» Un deuil pour l'Eglise de Saint-Brieuc qu'il sut honorer dans les différents postes qui lui furent confiés. Plus que personne, Monseigneur DAVID apprécia ses services. Dès son arrivée dans le diocèse, il le nomma chanoine honoraire de la Cathédrale ; les positions importantes qu'il lui offrit à plusieurs reprises et les marques d'affection qu'il a prodiguées au malade sur son lit de mort disent assez haut l'estime que Sa Grandeur avait pour ce prêtre et combien est douloureuse pour son cœur d'Evêque cette séparation.

» Une perte pour la ville de Saint-Brieuc, dont M. Jules COLLIN était l'une des illustrations. Que de services n'a-t-il pas rendus dans les circonstances où l'on a fait appel à son zèle, à son talent, à sa charité ? La chapelle Saint-Guillaume, qui s'élève à l'entrée de notre cité, suffirait seule à perpétuer la mémoire de son infatigable dévouement.

» Cette mort est surtout une douleur immense pour sa famille, dont il était le guide, le conseil, le protecteur, je dirai mieux, le père : le père par l'autorité que tous acceptaient sans conteste, et qui maintenait autour de lui dans une union admirable tous ces éléments nécessaires à l'œuvre qu'il a poursuivie et réalisée.

» Puissent ces quelques paroles apporter un peu de baume à cette blessure profonde, et dire à cette famille si affligée la part que prennent à sa douleur tous ceux qui savent reconnaître le mérite et apprécier le dévouement.   » J. M. »

— « Les obsèques ont eu lieu mercredi matin. M. Frélaut-Ducours, vicaire-général, a présidé la levée du corps et célébré la messe, pendant laquelle la musique militaire s'est fait entendre.

» Monseigneur a donné l'absoute.

» On remarquait dans la nombreuse assistance MM. le général Marquisan, le colonel et plusieurs officiers du 71e. »

L'INDÉPENDANCE BRETONNE (3 Janvier 1877).

« Nous prenons la plume sous le coup d'une bien douloureuse émotion : hier est mort, à la suite d'une maladie froudroyante dans ses progrès, M. l'abbé Jules COLLIN, chanoine honoraire de la Cathédrale.

» Sa famille, frappée dans ses affections les plus chères, perd en lui un guide sûr, un frère qui avait su, par les vertus du cœur et les qualités de l'esprit, remplir, avec une douceur égale à son dévouement, les charges d'une véritable autorité paternelle.

» M. le chanoine Jules COLLIN, dans son amour du sacrifice, préféra une vie modeste et humble au milieu des siens à celle plus brillante pour laquelle semblait faite sa belle et puissante organisation.

» Il est mort ce prêtre qui travailla tant à la gloire de Dieu, comme son ministre et aussi comme artiste chrétien !

» Il est mort alors que sa santé robuste paraissait braver les épreuves de l'âge ! Quelques jours ont suffi, hélas ! à enlever à la tendresse de sa famille et de ses amis, — au nombre desquels nous fûmes et nous resterons, — cet homme de bien, dans la plus haute acception du mot ! Il laisse, il est vrai, — car Dieu accorde parfois à ses élus le droit de survivance, — des frères dignes de continuer ses traditions de respectabilité et de voir s'accroître par héritage les sympathies dont ils sont tous entourés.

» M. le chanoine Jules COLLIN fut, dans ce pays, un des serviteurs les plus dévoués et un des maîtres les plus autorisés de l'art religieux, qui fait en lui une perte plus grande qu'on ne saurait le dire.

» Après avoir préparé à la Maîtrise de la Cathédrale des éléments supérieurs, il a organisé et conduit la bonne musique d'ensemble avec une persévérance et un talent au-dessus de tout éloge. C'était un véritable artiste, et l'archéologie lui doit autant que la musique. Que d'églises construites ou embellies sous sa vigilante direction ! que de travaux accomplis avec autant de désintéressement que de mérite !

» Pourquoi la légalité, en désaccord avec le vœu formellement exprimé par la population, s'oppose-t-elle à ce que le restaurateur de la chapelle

Saint-Guillaume vienne dormir son dernier sommeil dans cet édifice qui porte les nombreux témoignages de son zèle de prêtre et de son goût d'artiste !... Sa place, en effet, semblait être marquée au milieu de ses œuvres, vivantes comme les regrets profonds et sincères que laisse M. le chanoine Jules COLLIN dans notre ville et dans le diocèse. A ces regrets, dont nous sommes l'interprète, qu'il nous soit permis de joindre l'expression de notre affliction bien vive.

» Ce n'est pas à ces artistes chrétiens, à ces frères du cher défunt par le sang et le sacerdoce, qu'il est utile de rappeler que la Croix touche par la douleur à la terre et par l'Espérance au Ciel, et que le cœur de l'homme survit, par la Foi seule, à la suprême séparation du tombeau.

» Louis D'ESTAMPES. »

<div align="center">~~~~~</div>

L'INDÉPENDANCE BRETONNE (4 Janvier 1877).

« Nous venons d'assister aux obsèques de M. le chanoine Jules COLLIN. Une affluence considérable avait tenu à rendre un dernier hommage à la mémoire du mort si regretté.

» Dans le convoi funèbre, nous avons remarqué M. le général Marquisan, M. le colonel Suisse, M. Simon, commandant du génie ; M. Mailhé, commandant de gendarmerie ; M. de Seré, chef de bataillon du 71e, et plusieurs officiers de ce régiment, ainsi que les diverses autorités civiles, maritimes, judiciaires, et, on peut le dire avec vérité, des représentants de toutes les familles de notre ville et de toutes les communautés religieuses.

» Le Chapitre de la Cathédrale, les Curés de nos deux paroisses, les Membres du clergé de Saint-Brieuc et beaucoup de Prêtres venus de tous les points du diocèse, les Professeurs et les Élèves du Grand-Séminaire, escortaient le cercueil, sur lequel reposaient les insignes sacerdotaux de M. le chanoine COLLIN.

» M. l'abbé Frélaut-Ducours, vicaire-général, a officié.

» A l'entrée, à la sortie de la Cathédrale, et durant la Messe, la musique du 71e de ligne, alternant avec les chants liturgiques, a fait entendre des symphonies funèbres, sous la direction de son chef, M. Boyer.

» Monseigneur DAVID a donné l'absoute.

» Dans cette bien triste circonstance, une preuve éclatante de regrets pour le cher défunt et de sympathies pour son honorable famille, a été donnée par notre population, suivant dans l'émotion et le recueillement la dépouille mortelle du prêtre dont le zèle sacerdotal égala les remarquables talents d'artiste chrétien.

» Puissent ces sympathies adoucir une douleur sur laquelle la Religion seule peut verser le baume de la résignation !

L'*ARMORIQUE* (5 Janvier 1877).

« Hier ont eu lieu à la cathédrale, au milieu d'une très-grande affluence, les obsèques de M. l'abbé Jules COLLIN, chanoine honoraire. Toute la ville, nous pouvons le dire, y était représentée et avait tenu à rendre un dernier hommage au regretté défunt et à donner un éclatant témoignage de sympathie à une famille des plus recommandables, dont il était le chef vénéré. Parmi l'assistance, nous avons remarqué un certain nombre d'officiers de la garnison.

» La messe solennelle a été chantée par M. Frélaut-Ducours, vicaire-général.

» La musique du 71e a fait entendre, pendant la cérémonie, plusieurs symphonies funèbres.

» La dernière absoute a été donnée par Monseigneur DAVID.

» M. l'abbé Ollivier, vicaire-général, a fait la conduite au cimetière.»

LE *MÉNESTREL*, Revue artistique de Paris (14 Janvier 1877).

« La ville et le diocèse de Saint-Brieuc viennent de faire une grande
perte, dans la personne de M. l'abbé J. COLLIN, chanoine honoraire de
la Cathédrale de Saint-Brieuc. L'architecture et la musique lui doivent
des travaux fort estimés. C'est lui qui a fondé la magnifique Maîtrise de
la Cathédrale de Saint-Brieuc, qui a pris rang parmi les plus renommées.
Il en fut l'âme et la vie jusqu'au dernier moment. »

LA *MUSICA SACRA*, Revue Musicale de Toulouse (6 Février 1877).

« La ville et le diocèse de Saint Brieuc viennent de faire une perte
immense dans la personne de M. l'abbé Jules COLLIN, chanoine honoraire de la Cathédrale.

» C'était, en effet, un de ces hommes à l'âme fortement trempée, à
l'organisation puissante, à l'intelligence élevée et dont l'aptitude s'éten-
dait à tout. Littérature, archéologie, architecture, peinture, musique,…
rien ne lui était étranger, et il est resté de lui des ouvrages importants
en tous genres. L'architecture et la musique surtout lui doivent des
travaux estimés et d'autant plus remarquables, qu'inspirés par son âme
de prêtre, tous sont marqués de ce caractère vraiment religieux dont
aujourd'hui, malheureusement, l'art se préoccupe si peu.

» C'est lui qui fonda cette magnifique Maîtrise de la Cathédrale de
Saint-Brieuc qui a pris rang parmi les plus renommées, et il en fut
l'âme et la vie jusqu'à son dernier moment. C'est donc un devoir pour
nous de déposer sur la tombe de cet artiste chrétien, de ce saint prêtre,
zélé autant que distingué, les larmes de nos regrets et de nos plus vives
sympathies.

» Nos honorables lecteurs ne nous pardonneraient pas si nous les privions des précieuses lignes que l'excellente *Semaine Religieuse* de Saint-Brieuc consacre à la douce mémoire de ce saint artiste, dont nous publierons prochainement une œuvre remarquable. — ALOYS KUNC. »

(Suit l'article de la *Semaine Religieuse* donné plus haut).

L'INDÉPENDANCE BRETONNE (9 Janvier 1877).

Non contente d'avoir payé par elle-même un tribut d'hommage à la mémoire de notre frère, dans le magnifique article nécrologique que nous avons cité, cette feuille reproduit en entier celui de la *Semaine Religieuse,* avec cette note :

« L'*Indépendance Bretonne* n'oublie pas que M. le chanoine COLLIN l'honora de sa collaboration par plusieurs articles artistiques qui rencontrèrent le plus favorable accueil auprès de nos lecteurs.... »

A la fin d'un article sur le *Mois de Marie* de Saint-Guillaume, le même journal, dans son numéro du 10 mai 1877, contenait les lignes suivantes :

« .... Malgré la perte immense que la Maîtrise vient de faire dans la personne de son fondateur, qui jusqu'à son dernier jour en était resté l'âme et la vie, cette année encore l'exécution de ses chants est d'une beauté remarquable. Sa direction, en passant à ses frères, n'a rien perdu de ce sentiment éminemment religieux que M. l'abbé J. COLLIN savait si bien donner à l'interprétation de toute musique sacrée. Son âme élevée et chrétienne se révèle et semble revivre tout entière dans ces pages de sa composition qu'on nous fait entendre chaque soir. Espérons qu'on les livrera bientôt au public, amateur du beau et qui conserve un si pieux souvenir de celui qui peut être considéré comme un modèle de dignité, de science et de dévouement.... »

Enfin, dans son numéro du 28 mai de la même année, l'*Indépendance Bretonne* dit encore :

« .... Après le sermon, Monseigneur DAVID a donné la bénédiction du Très-Saint-Sacrement. Deux motets ravissants ont été admirablement exécutés par le chœur de la chapelle : un *Ave Maria* dont la suavité et la grâce sont les principaux caractères, et un *Tantum ergo,* véritable expression de l'adoration et de l'extase. Et, s'il est permis de louer ceux qui chantent pour Dieu, nous dirons que c'est dans son âme de prêtre que l'auteur de ces morceaux, le chef vénéré de cette famille d'artistes, a vraiment puisé ces pieuses mélodies, comme c'est dans dans leur âme de croyants que ses dignes interprètes savent trouver le moyen d'en rendre si justement l'expression. »

II.

EXTRAIT DES MÉMOIRES

DE

LA SOCIÉTÉ D'ÉMULATION DES COTES-DU-NORD

SÉANCE DU 26 JANVIER 1877.

Président, M. le Docteur Lemoine.— *Secrétaire*, M. Le Giemble.

Prennent place au Bureau, Monseigneur l'Evêque et M. l'archiprêtre, l'abbé Cocheril, curé de la Cathédrale.

L'assistance, parmi laquelle on remarque beaucoup de dames et d'officiers de la garnison, est aussi nombreuse que choisie.

M. LE Président, après avoir ouvert la séance, exprime les vifs et sincères regrets que cause à la Compagnie la mort prématurée de M. l'abbé Jules Collin, chanoine honoraire du diocèse de Saint-Brieuc :

« Monseigneur, Mesdames, Messieurs,

» Malgré votre désir d'entendre sans retard une parole aimée et impatiemment attendue, permettez-moi de disposer de quelques instants pour remplir un devoir. Un des membres les plus estimés et les plus utiles de la Société d'Émulation a succombé depuis notre dernière séance ; et, puisque le hasard a fait de moi, pour cette soirée, le porte-parole de notre Compagnie, je viens, en son nom, rappeler le souvenir du collègue que nous avons perdu.

» Il est toujours convenable qu'une Société paye un tribut de regrets à ceux qui se sont associés à son œuvre ; mais quand il s'agit d'un homme qui lui a rendu, comme l'abbé Jules COLLIN, des services de premier ordre, elle s'honore elle-même en l'honorant publiquement de ses sympathies. Le moyen le plus certain d'atteindre ce but est de résumer sa vie en quelques mots.

» L'abbé Jules COLLIN était notre compatriote ; il est né à St-Brieuc en 1816. Le père de cette nombreuse famille était doué d'une organisation musicale tout-à-fait exceptionnelle, qu'il a léguée à tous ses enfants.

» Jules, le fils aîné, reçut une des meilleures parts de cet héritage, et bientôt ses aptitudes, sa belle voix, le firent remarquer de l'excellent abbé Le Maître, qui dirigeait alors la psallette de la Cathédrale.

» Vers 1837, M. Le Maître ayant manifesté le désir d'entrer dans le ministère et obtenu le vicariat de Maroué, proposa et fit accepter pour son successeur, par Monseigneur DE LA ROMAGÈRE, l'abbé J. COLLIN, qui entrait à peine dans les Ordres.

» Dès ce moment, notre compatriote révéla les éminentes qualités qui le distinguèrent. Avec une autorité, une compétence, une force de volonté qui fut toujours sa faculté maîtresse il se mit à l'œuvre et réorganisa sur les bases les plus larges la musique religieuse dans la Cathédrale de Saint-Brieuc. C'est là peut-être ainsi que l'a dit en si bons termes un excellent juge, M. l'abbé Michel, son plus beau titre à la reconaissance du pays et à la perpétuation de son souvenir.

» Cette position de directeur de la Maîtrise, il ne l'a jamais quittée, croyons-nous, et il aurait ainsi rempli les mêmes fonctions pendant près de quarante années, chose rare pour un homme qui a vécu à peine soixante ans.

» Bientôt l'abbé Jules COLLIN eut à remplir d'autres devoirs que ceux du prêtre et du maître de chapelle : autour de lui s'élevait une famille nombreuse au service de laquelle il fallait mettre l'expérience qu'il pos-sédait déjà.

» Tous ses frères devinrent successivement l'objet de ses observations ; il sut reconnaître les différentes aptitudes de chacun d'eux et les soutenir dans la voie où il croyait bon de les engager.

» Tous sont arrivés au but.

« Trois dignes prêtres, deux artistes ! voilà, à notre avis, une des œuvres les plus méritoires de l'abbé Jules COLLIN.

» La musique et le dessin n'ont pas longtemps suffi à l'activité de notre compatriote : il s'est aussi occupé d'architecture, et a montré de bonne heure un goût très-vif pour la construction. On lui doit la restauration de la chapelle de l'hospice de Guingamp, celle de l'église de Trégastel, le plan et la direction des travaux des chapelles du Sacré-Cœur de Rennes et de Saint-Guillaume de Saint-Brieuc.

» Vous savez avec quel soin et quel goût il s'occupait de l'embellissement de cette dernière église, qui chaque année, pendant les soirées de mai, contient un si grand nombre de fidèles, attirés par la solennité du culte et le charme d'une excellente musique.

» Mais ce qui nous touche le plus, Messieurs, ce qu'il me paraît important de faire ressortir ici, c'est la science de l'abbé Jules COLLIN pour la musique d'ensemble, c'est l'habileté avec laquelle il organisait les grandes séances musicales qui ont valu à notre Société de si brillantes soirées.

» Rien ne saurait égaler son savoir-faire et son zèle quand il préparait l'exécution de cantates ou de chœurs exigeant des masses imposantes de chanteurs et de musiciens. Nos plus lointains souvenirs, sous ce rapport, remontent au Congrès celtique de 1867. C'est à cette occasion que la musique prit une si grande place dans nos fêtes, et que l'abbé Jules COLLIN commença la série de ses complaisances et de ses services. C'est lui qui fit exécuter la jolie cantate de son frère Charles, composée sur les paroles de M. Gaultier du Mottay, ainsi que d'autres morceaux également appréciés.

» Au Congrès scientifique de 1872, son zèle pour notre Société fut peut-être plus grand encore. Mais ici il est impossible de séparer les deux frères Collin dans le souvenir de reconnaissance qui leur est dû : l'un composait pour nous cette délicieuse perle poétique et musicale qui a nom la *Bienvenue;* l'autre, successivement organisateur, répétiteur, chef d'orchestre, obtenait dans l'exécution un succès éclatant.

» Et que dire du soin apporté à l'interprétation de *Gallia,* de Gounod, cette lamentation, ce sanglot patriotique inspiré par nos revers à l'illustre compositeur ? L'émotion fut immense quand le brillant auditoire aggloméré dans la grande salle des concerts entendit le chef-d'œuvre.

» Avant et depuis ces mémorables soirées, l'abbé Jules COLLIN a encore présidé, avec un égal succès, à l'exécution de plusieurs grands morceaux. Je cite de mémoire le *Désert*, par Félicien David ; le *Chœur de la Charité*, de Rossini, et les *Bohémiens*, de Schumann.

» Messieurs, la rapide énumération de ces services rendus à notre Compagnie, vous fera applaudir à la délicate pensée de la Direction : elle a voulu témoigner ses sympathies et ses regrets à la famille COLLIN, en reculant de quelques semaines le concert annuel que notre Société offre d'ordinaire en cette saison. Il convenait que la musique fût, pour quelque temps, en dehors de nos programmes, après la mort d'un de ses plus vaillants interprètes. [1] »

Les marques de sympathique adhésion qui accueillent ces paroles, si bien et si élégamment dites, prouvent à M. le Président qu'il a été le fidèle interprète des sentiments et des impressions de tous les assistants.

---

1. Dans une lettre-circulaire du 16 janvier 1877, envoyée à tous les Membres, la Direction de la Société d'Émulation s'exprimait ainsi : « La mort récente de M. le chanoine COLLIN, qui » a rendu à notre Compagnie de si grands services sous le rapport musical, nous fait un » devoir d'ajourner le Concert qui se préparait. La Société d'Émulation s'associera ainsi à la » juste douleur d'une famille qui s'est si souvent elle-même associée à notre Œuvre. »

III.

LETTRES & CARTES DE CONDOLÉANCE.

—— ✳ ——

« Archevêché de Rennes, 5 Janvier 1877.

» Mon cher Abbé,

» J'avais pour votre excellent frère une estime et une affection toute particulière ; par conséquent, vous ne douterez pas de la part bien sincère que je prends à la douleur que vous fait éprouver sa fin prématurée. Recevez-en donc ici le témoignage tout sympathique, avec l'assurance que je n'oublierai pas votre cher défunt devant le Bon Dieu.

» Je vous bénis, et croyez-moi bien, mon cher Abbé, votre tout affectionné en N.-S.

» ✝ Godefroy, *Card.*, *Archev. de Rennes.*

« Évêché du Puy, 5 Janvier 1877.

» Cher Abbé Louis,
» Chère Famille à bon droit désolée,

» Je m'associe de toute mon âme à votre affliction et à vos justes regrets. Aussi, ce matin même, ai-je offert le saint Sacrifice pour celui que vous pleurez comme on pleure un père, et que j'affectionnais d'une manière toute spéciale...

» Votre perte est grande, je le conçois parfaitement ; que le Bon Dieu daigne vous l'adoucir ! Je le lui demanderai avec vous.

» Plus que jamais, soyez unis, mes enfants ! La vie est courte, hélas ! mais il y a une protection spéciale pour les orphelins...

» Votre bien affectionné,

» † P., *Evêque du Puy.* »

« Évêché de Vannes, 3 Janvier 1877.

» Monsieur le Chanoine,

» Je partage bien cordialement votre trop juste douleur. Servez-moi d'interprète auprès de Messieurs vos frères. En demandant le repos de l'âme de votre cher defunt, je n'oublierai pas ceux qui le pleurent.

» Je joins à mes vœux de circonstance, Monsieur le Chanoine, ma bénédiction et mes sentiments dévoués.

» † Jean-Marie, *Évêque de Vannes.* »

« Église Métropolitaine de N.-D. de Paris, 14 Janvier 1877.

» Cher Monsieur l'Abbé,

» Une indisposition m'a empêché de vous témoigner la part que je prends à votre si immense douleur.

» Tous connaissaient l'élévation d'esprit et de cœur de votre digne frère ; tous appréciaient à leur juste valeur cette piété, ce dévouement, cet amour du bien qui en faisaient un prêtre si distingué sous tous les rapports. Son âge et sa santé pouvaient à coup sûr faire espérer de jouir de lui longtemps encore... Dieu a voulu couronner ses dons ! Il y a des secrets de la Providence que nous ne connaîtrons qu'au Ciel !

» Croyez bien, cher Monsieur, et veuillez en assurer tous les membres de votre famille, croyez bien à la part sincère que je prends à votre deuil...

J'offrirai mes pauvres prières et pour lui et pour vous : pour lui, quoique je pense qu'il n'en a plus besoin ; mais, pour vous, je comprends que vous aurez longtemps besoin de la consolation que Dieu seul donne.

» Il y a des plaies, et la vôtre est de ce nombre, que la consolation humaine ne peut fermer.

» Veuillez agréer, Monsieur l'Abbé, pour vous et pour tous les vôtres, l'assurance de mes plus sympathiques et plus respectueuses salutations.

» E.-M. DE GESLIN, *Ch. Archip. de N.-D. de Paris.* »

« Diocèse de Versailles, Saint-Cloud, 10 Janvier 1877.

» BIEN CHER MONSIEUR L'ABBÉ,

» J'ai été douloureusement frappé en apprenant la perte cruelle que vous venez de faire, et je pleure avec vous ce cher ami qu'une mort si prompte et si prématurée vient de vous ravir...

» Je comprends vos angoisses et les déchirements de votre cœur, car le cher Jules était comme le père de votre grande et belle famille. Je vous prie d'être auprès de tous les vôtres l'interprète de mes sentiments. En priant pour le cher défunt, je demanderai à Dieu, pour vous tous, la force et le courage de supporter cette rude épreuve.

» Je vous embrasse de tout mon cœur.

» Votre Confrère,

» ROMAND, *Ch., Curé de Saint-Cloud.* »

« Sainte-Anne d'Auray (Morbihan), 2 Janvier 1877.

» CHER AMI,

» Oh ! je vais prier de tout mon cœur pour votre cher défunt, que j'aimais et que je pleure avec vous. Je vais le recommander pendant tout le mois aux prières publiques des Pèlerinages et de l'Archiconfrérie ;

c'est vous dire que plus de dix mille pèlerins vont prier pour celui qui me donna de si bons conseils, et que nous serons heureux de retrouver bientôt dans le sein de Dieu.

» Toutes mes condoléances à votre bonne famille.

» Votre bien affligé,

» GUILLOUZO, *Chapelain.* »

« Sainte-Anne de Lannion, 2 Janvier 1877.

» BIEN CHER AMI,

» J'apprends à la minute le malheur qui vient de frapper votre famille. Je n'ai su qu'hier à la nuit la maladie du cher Jules. M. Limon a eu la bonté de m'annoncer ce matin la triste nouvelle de sa mort ! Je viens, avec tout le monde, prendre part à votre juste douleur. Nous prierons à Sainte-Anne pour le cher défunt.

» C'est une grande perte pour vous et pour votre excellente famille ; c'est une perte pour Saint-Brieuc et pour le diocèse. Les Dames de Saint-Anne le regrettent vivement et me chargent de vous l'exprimer, ainsi qu'à vos frères et sœurs désolés.

» Que Notre-Seigneur vous console tous, et reçoive dans sa gloire le pauvre ami ! C'est le vœu de

» Votre bien dévoué Confrère,

» Y.-M. CONAN, *Chan., Aumôn.* »

« Hillion, le 2 Janvier 1877.

» BIEN CHER AMI,

» Quelle fin et quel commencement d'année pour vous ! Je ne puis que vous dire combien je partage votre deuil ! Mais je vous le dis, je le partage de tout mon cœur....

» A tous les vôtres et à vous,

» F. LE TENO, *Recteur.* »

« Co'lége de N.-D. de Guingamp, 2 Janvier 1877.

» MON BIEN CHER AMI,

» Je viens de recevoir la nouvelle ! Je vous plains de tout mon cœur tous ; je pleure et prie avec vous pour celui que tant de qualités de cœur et d'esprit vous rendaient si justement cher.

» Je vous embrasse tous en ami bien dévoué.

» COTENTIN, *Ch., Sup.* »

« Jugon, 3 Janvier 1877.

» MONSIEUR ET BIEN AIMÉ CONFRÈRE,

» Je suis tout accablé et éploré de ce que je viens de lire dans l'*Indépendance Bretonne !* J'aimais beaucoup le cher frère que vous pleurez, et je le pleure avec vous. C'est une grande perte pour tout le diocèse ; je suis sûr que Monseigneur en a été bien affligé ! Mais Dieu l'a jugé mûr pour le Ciel ; que sa volonté soit faite !

» Veuillez être, auprès de toute votre excellente famille, l'interprète de ma sympathie.

» Votre affectueusement dévoué,

» TEXIER, *Curé, Ch. hon.* »

« Missionnaires de l'Immaculée Conception, Moncontour, 3 Janvier 1877.

» MESSIEURS ET BIEN CHERS AMIS,

» Je tiens à vous dire toute la part que je prends et que tous mes confrères prennent aussi à la perte si douloureuse que vous venez de faire. Je sais de quelle tendre et respectueuse affection, de quelle reconnaissance vous entouriez celui que vous pleurez si amèrement, et qui était en effet, pour toute sa famille, plutôt un père qu'un simple frère ! Toutefois, c'est bien à vous, mes chers amis, qu'on peut redire la consolante parole des Livres saints : « *Nolumus vos ignorare, fratres, de dormientibus, ut non contristemini sicut et cæteri qui spem non habent....* »

C'était un prêtre si pieux, si édifiant et particulièrement si zélé pour le soulagement des âmes du Purgatoire ! Oh ! oui, vous pouvez être pleins d'espérance pour ce cher défunt, et croire que, s'il ne l'a déjà fait, Dieu ne tardera du moins pas à l'introduire dans sa gloire ! N'en doutez pas, nous hâterons de toute l'ardeur de nos prières son bonheur, et tant de saints arrachés par lui aux flammes du Purgatoire s'empresseront, bien mieux encore que nous, dans leur reconnaissance, de prier pour lui.

» Nous regrettons vivement, mes bons et chers amis, de ne pouvoir témoigner notre respectueuse sympathie et notre reconnaissance pour votre bien cher frère, en assistant à ses obsèques ; mais aujourd'hui plusieurs de mes confrères sont absents, notre R. P. Supérieur est souffrant et moi-même je suis forcément retenu à Moncontour.

» Veuillez agréer de nouveau, Messieurs et bons amis, l'expression de mes bien sincères condoléances et de mon affectueux dévouement en N.-S., que je prie, Lui, « *le Dieu de toute consolation*, » de vous consoler, ainsi que tous les autres membres de votre chère et pieuse famille.

» Henri COUANIER, *Prêtre S. C. M.* »

« Lyon, 3 Janvier 1877.

» MON CHER MONSIEUR ET AMI,

» J'apprends à l'instant le malheur qui vous frappe ; croyez que j'y prends une part vive et sincère. Les vacances dernières m'avaient permis d'apprécier de plus près les réelles qualités de celui qui vous a quittés, et j'avais compris combien pour vous et au milieu de vous sa vie avait d'importance. Dieu ne l'a pas jugé ainsi, ou plutôt il a voulu, dans sa haute sagesse, vous donner près de Lui un protecteur plus puissant qu'il ne pouvait l'être sur la terre. Pour nous, prêtres, la mort d'un prêtre est toujours une invitation à la prière ; car, hélas ! nos âmes sont lourdes, et de nos péchés et de ceux qui nous sont confiés. Croyez donc que de tout mon cœur je prie et prierai pour celui que Dieu vous a pris.

» Dites bien tous mes sentiments d'affectueuse et douloureuse sympathie à tous autour de vous, et laissez-moi vous embrasser comme je vous aime.   » Louis VIENOT. »

» Mon bon Ami,

» Quelle nouvelle vous m'apprenez ! Je déchirais avec empressement l'enveloppe de votre lettre, croyant y trouver une bonne nouvelle... Je relisais, n'en croyant pas mes yeux, quand vous m'annonciez que le Bon Dieu a rappelé à Lui votre excellent frère Jules !

» Je n'ai pas besoin de vous dire, n'est-ce pas, mon cher ami, combien je prends part à votre chagrin et à votre deuil ! Vous savez toute mon affection pour vous et pour tous les vôtres, et je vous remercie d'avoir compris, en me faisant part de votre affliction, que je m'associerais à l'amertume de votre désolation. Quelle perte pour vous !... pour tous vos si nombreux amis, pour le clergé de Saint-Brieuc ! Heureux, n'est-ce pas, mon cher ami, ceux qui ont les pensées de la Foi pour les soutenir dans une si cruelle épreuve ! Si votre frère n'est plus de ce monde, vous avez du moins la douce consolation de le savoir dans un monde meilleur.

» J'ai offert pour lui aujourd'hui le saint Sacrifice de la Messe, et je l'ai recommandé aux pieuses prières de mes bonnes Sœurs de Saint-Vincent-de-Paul, auxquelles je dis la Messe tous les matins.

» M. et Mme de Kerjégu m'ont tous deux prié de vous dire qu'ils prennent bien part à votre chagrin. Je fais prier aussi mon petit Jules, et je vous assure que ce pauvre enfant, qui vous aime tant, a été très-ému en apprenant votre malheur.

» Adieu, mon cher ami, ne m'oubliez pas auprès de vos bons frères et de Mesdemoiselles vos sœurs. Je n'ose pas vous demander de m'écrire ! Usez de moi comme et quand vous voudrez, et croyez-moi toujours tout à vous, en N.-S.   » E. Munsch. »

» Mon bien cher Ami,

» Ce n'est pas sans une bien douloureuse surprise qu'en décachetant, ce matin, le pli funèbre que vous m'adressiez, j'y ai lu le nom de votre digne frère, l'abbé Jules ! Je n'étais préparé d'aucune manière à cette triste nouvelle ! Pauvres amis, je vous plains de tout mon cœur. Je sais peut-être mieux que bien d'autres tout ce que vous perdez, puisque plus qu'à bien d'autres il m'a été donné de faire partie de votre intéressant intérieur.

» Cette cruelle séparation renouvelle pour vous toutes les séparations passées. N'avait-il pas été et ne continuait-il pas d'être pour vous un père et une mère !...

» Dieu vous soutienne, mes chers amis, en cette rude épreuve ! Pour lui, il ne faut pas en douter, il aura trouvé là-haut la récompense d'une vie toute de dévouement et de sacrifices. En y réfléchissant, il est bien peu de prêtres qui aient autant contribué à la gloire de Dieu ; il s'est usé dans un travail, dans une pensée : *le service du Grand Maître !* Parfois le Ciel a permis, pour l'épuration de sa vertu, que ses intentions les plus saintes fussent mal comprises.... J'ai été deux fois l'heureux témoin de la foi profonde et humble de son cœur en ces circonstances. Aujourd'hui, il connaît le prix de ses sacrifices.

» Pour moi, je perds un ami véritable. Il me souvient toujours de son aménité, de sa courtoisie, de la distinction de son esprit, et, par-dessus tout, de la bonté et de la charité de son cœur... Demain je célébrerai la sainte Messe pour le repos de son âme. Puisse ce témoignage d'une affection vraie vous apporter, mes chers amis, un petit allègement, une petite consolation.

» Croyez-moi, ce que j'ai toujours été, un ami vrai et sincère.

» De Saint-Aubin. »

« Paris, 7 Juin 1877.

» Cher Confrère et Ami,

» Je prends bien part à votre douleur ; je comprends la perte que vous faites ; mais qu'il est consolant pour vous de penser que Dieu, sans doute, a trouvé votre bon et regretté frère mûr pour le Ciel, et qu'il a voulu récompenser ses vertus !

» Je continuerai de prier pour le repos de son âme ! Je l'ai recommandé aux prières de la Communauté, qui s'associe à votre deuil.

» Tout à vous et aux vôtres, en N.-S.

» E. Huchet, *Aum.* »

« Moncontour, 8 Janvier 1877.

» Bien cher Abbé,

» Vous m'envoyez une nouvelle bien douloureuse et qui m'afflige d'une manière bien sensible, en m'annonçant la mort de votre bon et aimable frère, Monsieur l'abbé Jules Collin.

» Soyez assuré que je partage entièrement votre chagrin, car je l'aimais comme un véritable frère et je ne l'oublierai pas de si tôt. Il a été votre guide pendant sa vie, espérons avec confiance qu'il sera votre protecteur dans le Ciel !

» Agréez, ainsi que tous vos frères et sœurs, toutes mes condoléances, et croyez que je suis, avec tout le respect dû à une famille affligée,

» Votre ami compatissant,

» L'Abbé Joseph-Marie Le Maitre, *Recl.* »

« Nevers, le 16 Janvier 1877.

» Monsieur le Chanoine,

» J'ai été bien douloureusement surpris par la lettre de faire-part que vous avez bien voulu m'envoyer. Si votre famille était moins sacerdotale et religieuse, je me permettrais de vous dire que c'est le moment d'élever plus particulièrement nos pensées et nos cœurs vers notre Père du Ciel, qui dispose tout événement dans des vues de miséricorde et de bonté pour nous tous. Nos douleurs, prises comme il convient à des enfants de Dieu, glorifient notre Père, augmentent nos mérites, font du bien à ceux des nôtres que nous avons perdus, et les réjouissent.

» Vous ne vous êtes pas trompé, Monsieur l'Abbé, en pensant que je prendrais part à vos légitimes regrets, et que je m'associerais à vos prières pour votre digne frère, que j'ai connu particulièrement. Soyez, je vous prie, auprès de toute votre famille, l'interprète de mes sentiments et de notre commune affection.

» Veuillez agréer les sentiments de respect avec lesquels je suis, Monsieur le Chanoine, dans notre commune peine,

» Votre serviteur dévoué,

» F. Vivet, *Mariste.* »

« Au Cayla (Aveyron), 16 Janvier 1877.

» Bien cher Monsieur l'Abbé,

» Je comprends votre douleur et je pleure avec vous tous. Je prie pour le cher parti, mais je prie surtout pour ceux qui demeurent ; vous avez tous besoin de consolation ! Le Bon Dieu vous donnera du courage. Votre saint frère intercède pour vous au Ciel, où ses vertus l'ont fait entrer ! J'aimais bien votre frère, si bon, si vrai, si dévoué... Quel vide dans cette maison dont il était la vie ! Qui m'eût dit hier, en ouvrant cette lettte de St-Brieuc, qu'elle allait m'annoncer un si grand malheur ?

» Dites à chacun et à tous autour de vous toute la part que je prends à ce grand deuil. J'en ferai part à tous mes confrères, dispersés à cette heure pour la prédication. C'est au Cayla, où Eugénie de Guérin a tant pleuré Maurice, que je pleure avec vous !

» Que je vous suis reconnaissant de m'avoir traité en ami, en m'envoyant votre cœur brisé ! Je me sens encore plus vôtre depuis que je vous sais si malheureux ! Adieu, bien cher Monsieur l'Abbé ; je porterai tous vos souvenirs à l'autel, où je me dis bien vôtre, aux pieds de la Croix.

» Arnichand, Miss. du S.-C. »

⁓⌒⌒⌒

« Paris, 1ᵉ Février 1877.

» Bien cher Ami,

» J'ai pris la plus grande part à la perte que vous avez faite. Je compatis surtout du fond de l'âme à votre douleur, à la douleur que vous ressentez personnellement. Vous étiez le confident intime de toutes les pensées de votre si digne frère. Il y avait entre vos deux âmes une union plus étroite créée, non-seulement par l'âge et l'affection, mais encore par une certaine harmonie d'aptitudes et de goûts. Cette séparation inattendue a dû vous être bien cruelle, et je vous demande pardon d'avoir si longtemps différé à vous dire combien j'apprécie votre sacrifice et quelle part je prends au déchirement de votre âme.

» Je ne vous parlerai pas de mes souvenirs personnels ; ils n'ajouteraient rien à ce qui a été dit de Monsieur votre frère. Je m'estime heureux de l'avoir connu, et je conserverai le souvenir de ses vertus et de cette vie si noblement dépensée au service de Dieu et pour l'honneur de son culte !... Dites à Messieurs vos frères que je m'associe à leur commune douleur, comme je m'associe à vos prières.

» Veuillez agréer, bien cher ami, la nouvelle assurance de mes respectueuses sympathies et de ma sincère affection en N.-S.

» E. REINBURG, *Ch. hon.* »

« Paris, 23 Février 1878.

» BIEN CHER MONSIEUR,

» Que de fois mes pensées sont pour vous et pour tous les vôtres, et que de fois aussi je m'associe à votre douleur ! Vous êtes encore tout livré à votre chagrin, je le vois bien, car vous m'oubliez trop longtemps. Ecrivez-moi donc, vous savez bien du reste que je comprendrai toutes vos larmes et toutes vos tristesses. Une bonne lettre que vous m'écrirez vous soulagera, croyez-moi. Vous avez, sans nul doute, de nombreux et bons amis ; mais, je vous l'affirme, vous n'en avez pas de plus sincère que moi !

» Comme votre pauvre frère était aimé et estimé ! vous avez pu en juger par les innombrables témoignages de regret et de respect dont il a été l'objet. De toutes parts, en effet, ce n'a été qu'une voix pour répéter ses vertus et ses aimables qualités. Moi qui l'ai si bien connu, je sais que c'est plus qu'un frère... c'est un père que vous perdez. Heureux les chrétiens, heureux les prêtres, car ils puisent au cœur même de leur Dieu la force pour supporter avec résignation de si douloureuses épreuves.

» Au revoir, mon bien cher ami ; croyez-moi toujours votre tout dévoué, votre sincère ami et frère en N.-S.

» E. MUNSCH. »

« Carmel de Saint-Brieuc, 1· Janvier 1877.

» MONSIEUR L'ABBÉ,

» *Fiat voluntas tua !* C'est sans doute le cri qui s'est échappé de votre cœur au moment du sacrifice que le Bon Dieu vient de vous demander.

Je connais votre cœur affectueux pour tous les vôtres, aussi je comprends combien grande doit être votre peine, à cette heure si pleine d'angoisses ! J'essaierai de la partager, en mêlant mes pauvres prières aux vôtres, pour l'âme de ce frère qui vous était si cher.

» Notre Révérende Mère me charge de vous dire toute la part qu'elle prend à votre peine. Sa Révérence veut aussi que je vous assure des prières de la Communauté pour Monsieur votre frère, qui lui rendit tant de services.

» Daignez agréer, Monsieur l'Abbé, l'hommage du profond et religieux respect avec lequel je suis, dans les Sacrés-Cœurs de Jésus et de Marie, votre reconnaissante et très-humble servante.

» Sœur MARIE DE SAINT-URBAIN, Carm. ind. »

<div align="center">~~~~~</div>

« Vive Jésus & Marie ! » Montbareil de St-Brieuc, le 1ᵉ Janvier 1877.

» MONSIEUR L'ABBÉ,

» Nous prenons toutes une part sincère à la perte si douloureuse de votre excellent et digne frère. Demain la Communauté offrira la sainte Communion pour le repos éternel de son âme. Nous n'oublierons pas ses importants services, et nous continuerons de prier avec vous.

» Veuillez, Monsieur l'Abbé, agréer l'expression de nos plus vives sympathies, et me croire votre très-humble servante.

» Sœur MARIE DE LA CROIX, SÉBERT, Supér. »

<div align="center">~~~~~</div>

« J. M. J. » L'Adoration, 1ᵉ Janvier 1877.

» MONSIEUR L'ABBÉ,

» En lisant l'expression de votre juste douleur, j'en ai vivement ressenti le contre-coup. Vous perdez un frère qui vous chérissait ; un ami sûr, le plus doux trésor que le Ciel ait pu donner à la terre. Ah ! que je comprends bien le vide que vous laisse celui qui vous a servi de guide, en vous montrant, par ses saints exemples, la voie qui conduit sûrement à la céleste Patrie ! Il reçoit aujourd'hui la magnifique récompense promise à ceux qui ont consumé leur vie à sauver les âmes !... Ah ! Monsieur l'Abbé, il est heureux ce frère bien-aimé dont la perte fait couler si amèrement vos larmes ! N'a-t-il pas fidèlement suivi les traces de notre divin Modèle ? Il jouit, nous n'en saurions douter, des ineffables délices promises aux chers amis de Dieu.

» Nous prierons avec toute la ferveur que donne l'ardent désir d'être exaucé ; nous demanderons au divin Dispensateur des grâces qu'il comble votre saint frère des plus délicieuses joies du doux Paradis, après lequel nous soupirons, et, pour vous, nous conjurerons notre adorable Sauveur de faire surabonder dans votre cœur désolé ses plus tendres, ses plus paternelles consolations.

» Veuillez, Monsieur l'Abbé, agréer l'expression de mes plus respectueux sentiments,

» Mère S. CLÉMENT DE L'ADORATION, *Supér.* »

〜〜〜

« S.-C. J. M.   » Nantes, 2 Janvier 1877.

» MONSIEUR L'ABBÉ,

» Si je ne suis pas venu plus promptement prendre part à votre affliction, c'est que les courriers de ces jours-ci éprouvent de longs retards et depuis quelques heures seulement votre missive m'a appris avec quelle célérité le mal a marché.

» Je pouvais à peine croire à la réalité, tant j'avais de confiance et dans les promesses que vous aviez faites, et dans les prières qui montaient vers le Ciel ! Mais le Seigneur en a décidé autrement : il a voulu l'épreuve ; il faut s'y soumettre ! Bien des communions, bien des prières, bien des saints sacrifices seront offerts à son intention, en union avec vous, Monsieur l'Abbé, et Messieurs vos frères.

» Je vous remercie des quelques paroles que vous m'avez transmises ; je serais au regret de n'avoir pas écrit de nouveau, si je ne pensais que l'état de faiblesse de votre cher malade ne vous eût pas permis de lui transmettre un dernier souvenir. Je le lui donnerai par la prière, comme il n'eût pas manqué de me l'accorder, si je l'avais devancé !

» Croyez bien, Monsieur l'Abbé, que ma pensée est près de vous dans ces tristes jours ! C'est une nouvelle année commencée d'une manière bien lugubre et bien douloureuse. Quels événements nous apportera-t-elle encore ? Dieu seul le sait ! Peut-être devrons-nous dire : les plus malheureux ne sont pas ceux qui quittent ce misérable monde, où se trouvent plus de tristesses que de joies....

» Agréez, je vous prie, l'assurance que je partage toute votre affliction, et recevez mes respectueux sentiments dans le divin Cœur de Jésus.

» Votre humble servante,

» A. DE KEROUARTZ, R. S.-C. »

» V. J.-C.   » Montbareil de Guingamp, 3 Janvier 1877.

» MONSIEUR L'ABBÉ,

» Nous avons appris hier, avec beaucoup de peine, la nouvelle de la mort de votre bon.et excellent frère, et je viens, au nom de toute la Communauté, vous prier d'agréer nos sincères et bien sympathiques condoléances. Nous comprenons, Monsieur l'Abbé, la grandeur du sacrifice imposé à votre cœur et à toute votre excellente famille ; aussi, tout en priant pour le cher et vénérable défunt, nous n'oublions pas ceux que sa disparition afflige si douloureusement et si justement. Il n'y a que Dieu, en effet, qui puisse consoler de pareilles douleurs.

» Soyez assez bon, je vous prie, pour assurer toute votre chère famille de la large part que toute la Communauté prend à sa douleur et à ses regrets.

» Agréez, Monsieur l'Abbé, les hommages les plus respectueux de votre très-humble servante en N. S.

» Sœur THÉODOSIE, *Fille de la Croix.* »

« S.-C. J. M.   Saint Brieuc, 3 Janvier 1877.

» MONSIEUR L'ABBÉ,

» Notre digne Mère Supérieure me charge de vous exprimer toute la part qu'elle prend à votre douleur. Elle eût voulu vous le dire elle-même, mais une indisposition la retient au lit et l'en empêche. Du moins elle veut que vous sachiez toutes ses sympathies, avec l'assurance qu'elle n'oubliera pas ce que votre cher défunt a été pour le Sacré-Cœur, et toute sa petite famille s'unit à elle pour prier à l'intention de votre bon frère. Il s'en est allé les mains bien pleines de vertus et de mérites ; toutefois, s'il en avait encore besoin, nous voudrions hâter son entrée dans la vraie Patrie !

» Veuillez, Messieurs, en agréer de nouveau l'assurance, avec celle des sentiments de ma digne Mère et de mon profond respect en N.-S.

» C. DE CHALAIS, *R. S. C.* »

« *J. M. J. A.* » Lamballe, 4 Janvier 1877.

» MONSIEUR,

» Nous comprenons la douleur dans laquelle vous plonge la perte de votre excellent frère, et nous la partageons entièrement. Nous n'oublierons jamais les services que nous a rendus Monsieur l'Abbé COLLIN et l'intérêt qu'il portait à notre Communauté. Nous ne pouvons lui témoigner notre reconnaissance que par nos prières, mais du moins elles ne lui feront pas défaut. Nous avons fait célébrer le saint Sacrifice pour le repos de son âme ; nous y avons toutes communié, et certainement nous continuerons à prier pour lui.

» Permetter-moi, Monsieur, en mêlant mes regrets aux vôtres, de vous assurer de notre religieuse sympathie et de nos sentiments d'estime et de parfaite considération.

» Sœur SAINT-AUGUSTIN, *Relig. Ursuline, Supér.* »

« *S.-C. J. M.* » Rennes, 6 Janvier 1877.

« MONSIEUR,

» Je ne puis vous dire combien la nouvelle si douloureuse que nous a apportée votre lettre m'a affligée, ainsi que toute ma famille religieuse ! Elle a contracté avec M. COLLIN une dette de reconnaissance que nous n'avons jamais oubliée, et ce matin le saint Sacrifice de la Messe a été offert pour le repos de son âme, dans cette ravissante chapelle élevée par ses soins.

» Quel vide, Monsieur, pour votre famille, si pleine des mêmes aspirations ! Mais vous aurez un protecteur au Ciel, et son affection céleste va continuer de veiller sur tous les siens.

» Veuillez présenter à votre famille, Monsieur, mes compliments de douloureuse sympathie, et agréer l'expression de mon dévouement et de mes sentiments les plus distingués.

» L. DE QUATREBARBES, R. S.-C. »

<div align="center">~~~~</div>

« S.-C. J. M.   » Saint-Brieuc, 17 Janvier 1877.

» MONSIEUR L'ABBÉ,

» Vendredi 19, nous faisons célébrer la sainte Messe, à 7 heures un quart, pour votre si regretté frère, M. l'abbé Jules COLLIN, ancien aumônier du Sacré-Cœur. Nous serions heureuses que votre famille voulût bien s'unir à nous dans les prières et le saint Sacrifice qui seront offerts à son intention.

» Veuillez bien, Monsieur l'Abbé, agréer de nouveau l'expression de notre douloureuse sympathie, et l'hommage du profond respect avec lequel j'ai l'honneur d'être

» Votre humble et bien dévouée servante en N.-S.

» C. BRUTÉ, R. S.-C., Supér.

<div align="center">~~~~</div>

« Hôtel-Dieu de la Providence de Guingamp, Religieuses Augustines,
17 Janvier 1877.

» MONSIEUR L'ABBÉ,

» J'ai été vivement et bien douloureusement affectée de la triste nouvelle de la mort du bon Monsieur COLLIN. Je m'étais habituée à le voir souvent ; j'aimais sa conversation, et l'intérêt qu'il portait aux restaura-

tions de notre chapelle nous avait unis dans une communication conti-
nuelle de pensées qui avait pour but cette œuvre importante.

» Maintenant, je vous l'avouerai, je me sens attristée ; quelque chose
de sombre voile le bonheur que je me promettais le jour de la grande
cérémonie de la consécration de la chapelle. Nous avions fait de beaux
projets qui ne pourront désormais se réaliser. Je ne puis encore me persuader que ce cher Monsieur COLLIN ne verra pas les travaux achevés ;
il n'a même pas vu le tableau fini !...

» Le pauvre M. Herlido est tout peiné aussi de la brusque disparition
de ce bon Monsieur. Il fait d'ailleurs une grande perte : c'est un puissant appui qui lui échappe. S'il avait appris plus tôt la triste nouvelle,
il se serait rendu à l'inhumation ; mais, croyant qu'il en avait été informé,
je ne me suis trouvée à lui en parler qu'au moment où M. Flohic, notre
aumônier, venait de partir. Ce pauvre homme a été atterré !

» Hélas ! nos plaintes ne peuvent faire revenir le saint qui ne voudrait
pas, lui non plus, quitter le Ciel, même pour achever sa chapelle ; mais
j'aime à penser qu'il s'y intéresse encore, qu'il s'en occupe toujours et
qu'il voit que notre œuvre est agréable à Dieu.

» Veuillez donc, Monsieur, accueillir pour vous et pour toute votre
famille l'assurance de notre respectueuse sympathie dans cette circonstance si douloureuse.

» Je garderai religieusement au fond du cœur cette partie de la dette
qui ne s'acquitte point ici-bas, et je tâcherai de satisfaire aux intérêts par
des prières aussi ferventes qu'il me sera possible.

» Agréez de nouveau, Monsieur, l'expression du religieux respect avec
lequel j'ai l'honneur d'être

» Votre très-humble servante,

» Sœur SAINT-FRANÇOIS-DE-PAULE, Supér. »

« Hôtel-Dieu de la Providence de Guingamp, 17 Mai 1877.

» MONSIEUR LE CHANOINE,

» Je n'ai pas osé vous adresser d'invitation pour notre fête du 22 ;
j'ai craint de raviver une douleur que je respecte en la partageant, et

pourtant, croyez-le, il me sera bien dur de n'avoir là aucun représentant de notre ami vénéré. Peut-être, Monsieur, que le temps ayant un peu adouci l'amertume première de la séparation, vous et Messieurs vos frères seriez maintenant assez forts pour venir occuper une place qui laisserait un si grand vide à notre fête ! Ah ! sans doute, Monsieur Jules jouit au Ciel du succès de sa dernière œuvre ; sans doute, il s'associera invisiblement à la solennité qui se prépare, aussi je me demande s'il ne serait pas heureux d'y voir au moins quelques-uns de ses frères tant aimés !

» Je n'ose insister, Monsieur le Chanoine; je crains d'être indiscrète ou importune ; mais je veux que vous connaissiez toute ma pensée à ce sujet, me soumettant d'avance à votre décision.

» Veuillez agréer, Monsieur le Chanoine, l'hommage du religieux respect de votre très-humble servante,

» Sœur SAINT-FRANÇOIS-DE-PAULE, *Supérieure.* »

« Saint-Brieuc, 1ᵉ Janvier 1877.

» CHER MONSIEUR ET AMI,

» Le glas funèbre nous dit, à ce moment même, tout ce que vient de perdre votre famille, tout ce qu'a perdu l'art religieux dans ce pays ! A ce double titre, permettez-moi de m'associer à votre douleur.

» Depuis plus de trente ans, j'ai suivi Monsieur le chanoine Jules dans le dévouement si rare qu'il a montré à sa famille, à cette famille qu'il a placée si haut dans l'estime publique.

» Depuis plus de dix ans, après avoir préparé à la Maîtrise de la Cathédrale des éléments supérieurs, il a organisé et conduit la seule bonne musique d'ensemble qui ait été faite parmi nous.

» Comme vous, nous faisons dans ce grand cœur, dans cet artiste éminent, une perte que rien ne remplacera. Dites à Messieurs vos frères que personne ne prend plus que moi part à leur peine. Je ne sais quand il me sera possible de leur en aller porter l'assurance, mais j'espère du moins vous aller bientôt serrer la main.

» Agréez, Monsieur et bon Ami, l'expression de ma sympathique affection. » J. GESLIN DE BOURGOGNE,

» *Président de la Société d'Emulation des Côtes-du-Nord.* »

« Saint-Brieuc, 1 Janvier 1877.

» Monsieur l'Abbé,

» J'apprends le malheur qui vient de vous frapper, ainsi que votre honorable famille, et je m'empresse de vous envoyer l'expression bien sincère de mes sympathies. J'espérais bien que votre excellent frère, Monsieur l'abbé Jules, aurait été conservé encore de longues années à l'affection de ses nombreux amis ; mais Dieu l'a trouvé mûr pour le Ciel, et dans ce monde infiniment meilleur, il n'oubliera pas ceux qu'il a connus et aimés sur cette terre.

» Cependant, comme son âme pourrait encore avoir à expier, je le recommanderai aux prières des pèlerinages de Sainte-Anne d'Auray, de Pontmain et de Saint-Michel. C'est un devoir pour moi qui, malgré ma qualité d'étranger, ai reçu de cet excellent prêtre de précieuses marques d'amitié et de cordiale sympathie.

» Veuillez bien, je vous prie, Monsieur l'Abbé, être mon interprète auprès de Messieurs vos frères, et agréer l'assurance de mes sentiments respectueux et dévoués.　　　　　» Camille CLAVEAU. »

« Saint-Brieuc, 1ᵉ Janvier 1877.

» Mon cher Monsieur,

» Nous venons, ma femme et moi, d'apprendre le malheur qui vous frappe, ainsi que votre bonne famille. Ah ! laissez-moi partager votre chagrin ! Vous perdez votre meilleur ami, le frère le plus dévoué, le père le plus tendre ! Je vous plains sincèrement, ainsi que vos frères et sœurs. Pour moi, je perds un ami sûr et sincère, un conseiller sage et éclairé, un puissant appui, toujours disposé à me rendre service à l'occasion.

» Quand, ce matin, je me suis présenté chez vous, et que j'ai vu cette tenture noire, votre maison fermée, mon cœur s'est serré... Quel commencement d'année ! Oui, nous compatissons d'autant plus, ma femme et moi, à votre immense douleur à tous, que nous avions su apprécier les brillantes qualités de cœur et d'esprit de Monsieur Jules COLLIN.

» Veuillez bien, Monsieur, agréer les compliments de notre plus sincère condoléance, et nous croire, ma femme et moi,

» Vos très-affligés serviteurs.

» E. BOYER, *Chef de Musique au 71ᵉ de Ligne.* »

« Saint-Brieuc, 2 Janvier 1877.

» Mon cher Monsieur,

» Je m'empresse de vous informer que le Colonel, avec l'autorisation du Général, vient de commander la musique pour les obsèques de Monsieur votre frère bien regretté. Etant pris un peu à l'improviste, je ne pourrai pas tout ce que je voudrais ; mais nous ferons de notre mieux.

» Croyez bien à toute notre douloureuse sympathie et veuillez en assurer vos frères et sœurs.

» E. Boyer, Chef de Musique au 71e de Ligne. »

« Nantes, 4 Janvier 1877.

» Chers Amis,

» J'apprends aujourd'hui, par hasard et par un journal, la mort de votre excellent frère. J'en suis profondément désolé.... C'était un noble cœur, une grande intelligence qui va laisser un vide profond dans notre pays, et nul plus que moi, mes amis, n'en comprend mieux toute la portée.

» Il vous faut de la force, il vous faut du courage pour résister au choc de cette mort imprévue. Que Dieu vous aide et vous soutienne.

» En union de regrets et de profonde sympathie, recevez, chers amis, l'expression de la part bien vive que je prends à votre immense douleur.

» Joseph Gouézou. »

« Lannion, 6 Janvier 1877.

« Mon cher Monsieur,

» Lorsque je vous ai adressé ma carte, je savais déjà le perte immense que vous venez de faire et que font avec vous les nombreux amis de votre digne frère et le diocèse tout entier. Il y a à peine huit jours, j'écrivais à Monseigneur que, pour monter la statue de saint Joseph sur la tour de Keroc'h, j'aurais eu besoin des conseils de Monsieur Collin. Quand j'ai lu l'annonce de cette mort sur le journal, j'ai été anéanti et ne pouvais y croire. C'est un coup affreux, une perte irréparable !

» Le Bon Dieu sème partout des croix ; chaque famille a la sienne ; mais il donne aussi la force de les supporter. Qu'il vous accorde donc courage et consolation en cette circonstance ! Oui votre douleur est profonde et j'y compatis de tout cœur ; personne ne la ressent plus que moi !...

» Je prie pour le cher défunt et pour sa bonne famille en pleurs, et croyez-moi toujours votre ami tout dévoué.

» Y. Hernot, Sculpteur. »

« Brest, 6 Janvier 1877.

» Mon cher Oncle,

» C'est avec une vive douleur que j'ai appris en même temps et la maladie et la mort de mon oncle. La nouvelle de cette grande perte m'a causé une cruelle déception, car rien ne m'avait fait ni ne pouvait me faire prévoir que j'aurais si tôt à déplorer la mort d'un ami dévoué de ma famille et du zélé protecteur de nos plus chers intérêts.

» Ce cher oncle nous a été enlevé en pleine maturité d'âge et lorsque nous pouvions encore fonder sur sa robuste santé l'espérance de le conserver longtemps au milieu de nous. C'est encore un intelligent et vaillant défenseur de la Religion du Christ qui vient de quitter la terre pour s'en aller vers les cieux, que sa pensée, dans le cours de son existence, habita si souvent par une sublime anticipation.

» Le malheur qui vient de vous frapper, vous et les frères et sœurs du cher défunt, nous est commun, mon cher oncle : c'est un malheur qui atteint toute la famille, désole tous ceux qui ont pu connaître l'abbé Jules Collin et laisse après lui un vide qui ne peut être comblé.

» C'eût été pour moi une véritable consolation d'accompagner mon oncle à sa dernière demeure, lui qui conduisit si souvent, hélas ! le convoi funèbre de nos chers parents ! Dans ces pénibles circonstances, il savait prendre part à nos souffrances et trouver, pour nous fortifier contre l'adversité, des paroles qui sont le secret des grands cœurs. Mes travaux de fin et de commencement d'année m'ont empêché d'aller répandre mes larmes et mes prières sur la dépouille mortelle de mon oncle vénéré ; mais croyez bien que j'ai assisté par la pensée à ce deuil mémorable et que j'ai vu et partagé vos peines.

» Veuillez donc, je vous prie, mon cher oncle, vous faire l'interprète de mes sentiments auprès de mes oncles et tantes et les assurer de tous mes regrets en cette douloureuse circonstance.

» Agréez, mon cher oncle, l'expression de mon affection respectueuse t sincère. » Ferdinand Le Borgne. »

« Paris, 10 Janvier 1877.

» Cher Monsieur l'Abbé,

» Je viens vous exprimer sincèrement combien je partage la profonde douleur que vous cause le bien triste évènement qui vient de vous frapper si cruellement et d'une manière si inattendue, vous et votre chère famille, ainsi que tous ceux qui connaissaient, appréciaient et aimaient votre très-respectable et très-regretté frère. Je puis vous dire que je me mets au nombre de ces derniers, ayant eu le bonheur et l'honneur d'être accueilli par vous tous dans votre intimité.

» J'unis mes faibles prières aux vôtres, et cela du fond du cœur, quoique j'espère bien, avec vous, que celui qui a vécu d'une vie si sainte, si chrétienne et si bien remplie de bonnes et belles œuvres, n'a plus besoin de nos prières et qu'il est en possession de la couronne des justes. Mais alors je prie Dieu que leur effet retombe sur ceux que votre cher frère a le plus aimés sur la terre : sur toute sa bonne famille.

» Je serai très-heureux de mettre mon humble expérience à votre disposition, pour essayer d'élever un monument digne de celui dont il est destiné à perpétuer le souvenir, et que ne puis-je réussir ! Soyez persuadé que j'y vais mettre tout mon cœur....

» Veuillez dire à vos bons et chers frères la part que je prends à votre grand deuil de famille, et agréez pour vous, cher Monsieur et ami, l'expression respectueuse des sentiments dévoués de votre serviteur,

» Albert Leclerc, *Architecte.* »

MUSICA SACRA.   » Toulouse, 10 Janvier 1877.

« BIEN CHER MONSIEUR L'ABBÉ,

» Je prends une bien vive part à la douloureuse épreuve que la divine Providence vient d'imposer à votre excellente famille ; veuillez être auprès de tous vos chers affligés l'interprète de mes sentiments de sincère condoléance et en agréer vous-même la faible expression.

» La *Musica Sacra* se fera un vrai devoir de rendre un suprême hommage au saint prêtre, à l'éminent artiste que nous pleurons avec vous ; nous regrettons seulement de devoir remettre au numéro de février les lignes qui lui seront consacrées, celui de janvier est imprimé depuis deux jours. Si vous vouliez nous envoyer quelques renseignements sur les travaux si importants de votre bien-aimé et bien regretté frère, ils nous serviront à compléter ce que nous nous proposons d'en dire. Si même vous jugiez à propos de nous confier une œuvre musicale inédite de votre cher défunt, bien volontiers nous la publierons dans le numéro qui vous dira toutes nos sympathies.

» A toujours, bien cher Monsieur Collin, veuillez me croire, de vous et des vôtres, le tout dévoué de cœur.

» Aloys KUNC. »

« Brest, 11 Janvier 1877.

» CHER MONSIEUR,

» La nouvelle de la mort de Monsieur Jules COLLIN, que vous avez bien voulu m'apprendre, m'a, croyez-le bien, douloureusement impressionné. Si j'en avais été instruit à temps, je me serais certes fait un devoir de me joindre à vos nombreux amis pour suivre le convoi de votre vénéré et bien aimé frère ! Pendant mon trop court séjour au milieu de vous, j'ai été à même d'apprécier le rare mérite de l'homme de bien que Dieu vous a enlevé ! C'était un véritable et grand artiste ! Pour moi, j'étais justement fier de sa bienveillante amitié, et vous me rendriez heureux en me promettant, cher Monsieur, que nos bonnes relations ne souffriront pas du vide irréparable qui s'est fait dans votre honorable famille.

» Mes musiciens, qui conservent le meilleur souvenir du bon accueil que vous leur avez fait à Saint-Brieuc, me prient de vous adresser leur carte collective.

» Veuillez agréer, Monsieur, pour vous tous, l'expression des sentiments dévoués de votre bien affectionné.

» Léon CHIC, *Chef de Musique de la Flotte.* »

« Paris, 12 Janvier 1877.

» CHER MONSIEUR COLLIN,

» C'est avec un vif chagrin que j'ai appris la mort de Monsieur votre frère, le bon abbé Jules. J'avais eu l'occasion de le voir à Paris et d'apprécier ses rares qualités, ainsi que les sérieuses connaissances qu'il avait dans l'art musical. Je suis excessivement touché que vous ayez songé à m'écrire en cette triste circonstance, et je vous en remercie.

» Veuillez, avec tous mes sentiments de condoléance, agréer, cher Monsieur, l'expression de mon respect et de mon entier dévouement.

» Alex. GUILMANT, *Organiste de la Trinité.* »

« Académie de Rennes, Inspection de la Loire-Inférieure,
Nantes, 14 Janvier 1877.

» MONSIEUR L'ABBÉ,

» C'est avec un bien vif sentiment de douleur que nous avons reçu la nouvelle de la cruelle perte que vous venez de faire. Je n'aurais pas attendu jusqu'ici pour vous faire parvenir l'expression de tous mes regrets, si je n'en avais été empêché par mon état de souffrance. Monsieur l'abbé Jules COLLIN a été pour nous un ami dévoué, dont les conseils, toujours inspirés par son noble cœur aussi bien qu'éclairés par sa belle intelligence, nous ont été souvent très-utiles. C'est un devoir de reconnaissance pour nous d'accorder ici à sa mémoire l'hommage qui lui est dû, et dont je vous prie de transmettre l'expression aux divers membres de votre famille, avec tous les regrets que nous cause une fin si imprévue.

» Veuillez agréer, Monsieur l'Abbé, l'assurance de nos sentiments affectueux et dévoués. » Louis GOUSSET, *Inspect. d'Académie.* »

« Nantes, 23 Janvier 1877.

» Non, non, mon ami, je n'approuve pas votre idée de monument funèbre pour votre digne frère ; non je ne veux pas que sur ce glorieux cadavre on pose une petite chapelle plus ou moins de sucre ou d'albâtre ; non je ne veux pas qu'une vulgarité rappelle cet esprit si large, si modeste, si artiste !... Artiste et savant... prêtre dévoué, intelligence supérieure, traitez-le comme il le mérite, et sortons-le de l'ombre où il s'est tant complu !

» Voici ce qu'il faut : un buste ou un profil bas relief en bronze de notre regretté ami ; au-dessous de ce bas-relief ou buste médaillon, un autre bas-relief, également en bronze, qui représentera le calice couvert d'un crêpe ; à gauche et à droite seront massés et couchés par terre les attributs d'architecture, de musique, de dessin, et un livre ouvert dont une page sera cornée, celle qu'il lisait le plus souvent : *Caritas !* Pas de marbre, mais seulement du bronze, sévère et grand, comme il convient en ceci. Bronze et granit ! Vous avez à Saint-Brieuc de magnifique granit ; vous en aurez une belle dalle qui debout recevra le médaillon et le bas-relief, le tout couronné de la croix : *Spes unica !* Consultez mon ami Barré ; mais, de grâce, pas de miévrerie !...

» Point n'est besoin de vous dire que je suis tout à vous tous.

» Joseph GOUÉZOU. »

« Pondichéry, 5 février 1877.

» MONSIEUR,

» Je viens d'apprendre la triste nouvelle de la mort du pauvre M. Jules COLLIN. C'est une perte irréparable pour vous et pour ses amis. Je ne chercherai pas à vous adresser d'inutiles consolations, je tiens seulement à m'associer à votre douleur, et à vous dire combien je regrette cet excellent homme, qui m'a toujours donné de si bons et si sages conseils et a montré à ma famille et à moi une si vive affection. Je lui en suis bien reconnaissant et vous ne sauriez croire combien je regrette de n'avoir pu lui dire un dernier adieu.

» Recevez à sa place mes meilleurs remerciements et croyez à l'affection sincère de votre bien dévoué.

» A. BELLAMY, *Chirug. de Marine de 1re Classe.* »

« Paris, 14 Juin 1877.

» Monsieur l'Abbé,

» J'ai reçu la musique que vous m'aviez prié de voir et d'examiner. Je l'ai lue et relue attentivement, et j'ai été frappé de la correction avec laquelle ces différents morceaux sont écrits, ainsi que de l'expression toujours juste qui leur a été donnée.

» Quant à la partie d'orgue, elle est toujours parfaitement disposée, avec une grande simplicité, tout en produisant beaucoup d'effet. Mon rôle s'est donc borné à bien peu de chose, et les corrections sont bien rares : ce sont plutôt quelques changements que vous pourriez faire. Je vous les indique sur une feuille à part.

» Trop heureux de vous rendre ce petit service, et très-enchanté d'avoir fait connaissance avec les œuvres vraiment remarquables de Monsieur votre frère, veuillez agréer, Monsieur l'Abbé, l'assurance de mon entier dévouement.

» A. Messager, *Organ. accomp. de S.-Sulpice, Prof. d'harmonie.*»

« Grand-Séminaire de Saint-Brieuc, le 16 Janvier 1877.

» Monsieur l'Abbé,

» Je vous adresse les quelques textes que vous m'avez demandé de choisir dans l'Écriture-Sainte pour l'image commémorative de votre digne frère.

In memoriâ æternâ erit justus	Ps. III.
Domine, dilexi decorem domûs tuæ.	Ps. XV, 8.
In Te cantatio mea semper	Ps. LXX, 26.
Sancta et salubris est cogitatio pro defunctis exorare.	II. Mach. XI, 46.
O Maria! ad Te clamamus gementes et flentes.	Ecclesia.
Restituit ipse fratres suos	I. Mach. XIV, 26.
Consolamini invicem in verbis istis.	I. Thes. IV, 17.

» J'avais pensé qu'on pouvait approprier ces textes, comme l'Église le fait dans sa liturgie ; mais, réflexion faite, mieux vaut citer les paroles

de la sainte Écriture et laisser au pieux lecteur le soin d'en faire l'appli‑
cation; c'est, je crois, plus conforme à l'usage général et à l'humilité
chrétienne:

» Les textes ci-dessus indiqués ont été choisis pour exprimer d'une
manière générale les œuvres et les vertus : travaux de construction et
d'ornementation des églises ; chants religieux et maîtrise de la cathédrale ;
œuvre des Suffrages pour les défunts ; œuvres en l'honneur de Marie,
pour les malades et les affligés... Quant aux vertus, les textes disent :
1º ce qu'il a fait pour les membres de sa famille ; 2º les vertus cachées du
chrétien et du prêtre : elles rendent sa mort précieuse aux yeux du Seigneur !

» Le dernier texte exprime, comme conclusion, les consolations de la
foi. Ne nous apprend-elle pas que Dieu ne laissera pas sans récompense
un verre d'eau qu'on donnera au nom de Jésus-Christ ?

» R. P. Janselme, M. »

« Brest, 25 Mai 1878.

» Cher Monsieur l'Abbé & Ami,

» Si j'ai tant tardé à vous remercier des belles compositions de Mon‑
sieur votre frère, dont vous avez bien voulu m'honorer, cela tient à
un surcroit d'occupations que je viens d'avoir à l'occasion d'un grand
concours que nous venons d'avoir à Brest, et pour lequel j'ai eu beau‑
coup à faire.

» La lecture des œuvres de votre bien regretté et vénérable chef de
famille m'a ravi, et je compte, aussitôt que j'en aurai le loisir, instru‑
menter quelques morceaux, pour être exécutés, soit comme chants reli‑
gieux, à la chapelle de l'amiral, soit comme marches de procession.
Sitôt après, je vous les ferai parvenir, surtout si je suis assez heureux
pour les réussir, comme je l'espère.

» Merci donc, cher Monsieur l'Abbé, et veuillez, je vous prie, vous
faire l'interprète de mes meilleurs sentiments auprès de Messieurs vos
frères et de Mesdames vos sœurs et belle-sœur, sans oublier, loin de là,
les chers et aimables enfants.

» Votre ami bien affectionné,

» Léon Chic, Chef de Musique de la Flotte. »

CARTES DE CONDOLÉANCE.

A. FOUCAUD, Receveur des Finances.

« C'est par le journal de Saint-Brieuc que j'apprends à l'instant le coup aussi cruel qu'imprévu qui vous atteint tous dans vos affections les plus chères. Je m'associe de tout mon cœur à votre grande affliction, & vous prie de croire à la part bien vive que je prends à cette mort, qui enlève à votre tendresse un frère bien-aimé ; à Monseigneur, un de ses meilleurs amis, & au Diocèse un de ses prêtres les plus distingués. — Votre bien dévoué, A. FOUCAUD. »

Comte LE VASSOR DE LA TOUCHE,

Avec l'expression de sa sympathie et de sa douleur.

Le Contre-Amiral DE KERJÉGU, Sénateur, & Madame DE KERJÉGU

prient Monsieur Louis Collin d'exprimer à tous les membres de sa famille leur bien vive & bien douloureuse sympathie pour le grand chagrin qui vient de les frapper.

Amédée ROUVIN, Substitut du Procureur de la République (Dinan).

« Nous sommes encore atterrés de la nouvelle que notre mère nous a apprise. Cette journée a été pour nous une journée de deuil. Bien que votre cher regretté soit certainement au Ciel, nous ne l'oublions pas ni ne l'oublierons jamais dans nos prières ; il nous saura gré au moins de notre intention & de notre souvenir. — A. ROUVIN. »

LES MUSICIENS DE LA MARINE (Brest)[*]

Ont l'honneur de présenter leurs salutations respectueuses aux Messieurs Collin & de leur exprimer la peine qu'ils ont éprouvée en apprenant la mort de leur vénérable frère.

J. NOURRY, S. J.,

Avec ses bien sincères condoléances & l'assurance de ses prières pour celui que vous avez perdu.

Le R. P. LIGONNET, Prieur de l'École de Sorèze.

Très-douloureusement surpris, exprime à toute la famille Collin ses meilleures condoléances.

L'Abbé LE GOFF, Curé-Doyen de Paimpol,

Prend part à la grande douleur de son cher Louis & de toute sa bonne famille. Il priera pour le défunt, sans oublier ceux qu'une mort si prompte laisse dans un si profond & si amer chagrin.

L'Abbé BOUCHÉ, Aumônier Supérieur de la Marine,
Adjoint a l'Aumônier en Chef,

Présente à Messieurs les Abbés Collin et à toute leur famille désolée ses res pectueuses condoléances, & les prie de croire à la part bien vive qu'il prend à la perte cruelle qu'ils viennent de faire.

L'Abbé H. LE FICHANT, Recteur de Pleudaniel.

Pleure son bon ami, Monsieur Jules Collin, prie pour lui & prend la plus vive part à la grande douleur de sa chère famille.

F. PAILLART, Recteur de Penvenan.

Au bien cher Monsieur Louis Collin, à ses excellents frères et à toute sa bonne famille, mes meilleures et mes plus sincères condoléances.

Le Frère JUMINIEN, Chevalier de la Légion-d'Honneur,

Officier de l'Intruction Publique, Directeur des Frères des Écoles Chrétiennes

(Brest),

Prend toute la part possible au malheur dont vous avez été tous frappés.

Nous pourrions ajouter beaucoup à ces témoignages, car ici nous n'avons parlé que de ceux qui nous ont été personnellement adressés; — nos frères, eux aussi, en ont reçu de nombreux et de bien éloquents; — mais ceux que nous avons relatés nous semblent suffire à la justification de ce que nous avons écrit de notre bien-aimé et bien regretté frère.

Je demande d'ailleurs qu'on veuille bien comprendre le sentiment qui nous a empêché de passer sous silence ces témoignages si flatteurs et surtout si consolants pour nous : ne sont-ils pas de ceux dont un frère, et surtout un frère prêtre, non-seulement peut, mais doit « *se glorifier dans le Seigneur,* » suivant la grande parole de l'apôtre saint Paul !...

P. S. — *La lettre que nous donnons ci-après nous est parvenue trop tard pour avoir sa place parmi celles que nous venons de citer. Il nous semble pourtant que le témoignage qu'elle rend à la mémoire de notre digne frère ne pouvait être négligé, aussi nous estimons-nous heureux de l'avoir reçu assez tôt pour le relater ici.*

« Brest, 11 Décembre 1878.

» CHER MONSIEUR L'ABBÉ,

» J'ai fait répéter ce matin la transcription de l'*O Salutaris*. Je tiens à vous dire combien je suis heureux de l'avoir réussie ; ce morceau produit un effet bien supérieur à celui des deux arrangements précédents ; il peut lutter avec tout ce qui a été fait de mieux dans ce genre de musique religieuse. L'*Ave Maria* est à la copie et je suis assuré qu'il sera à la même hauteur. Je vous ferai parvenir les deux partitions dans quelques jours, enchanté d'avoir réussi à rendre la pensée de votre bien regretté frère, dont je suis fier d'avoir été l'ami bien dévoué.....

» Veuillez agréer l'expression sincère de mes sentiments affectueux, que je vous prie de faire partager à Messieurs vos frères.

» Tout à vous,

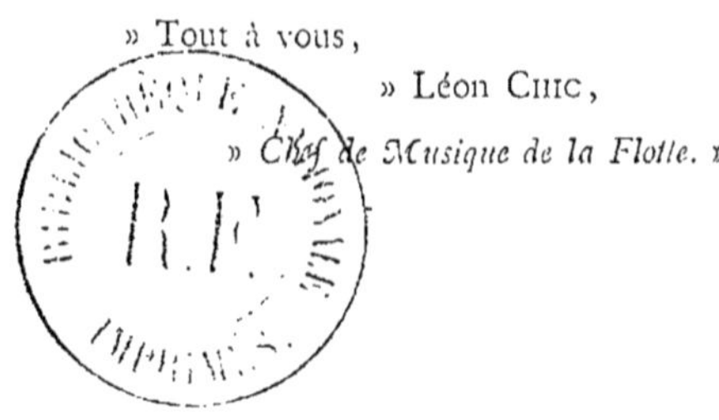

» Léon CHIC,

» *Chef de Musique de la Flotte.* »

TABLE

Saint-Brieuc, Imprimerie de Francisque Guyon, Libraire-Éditeur.